INHALT

Erläuterungen 7

Schwarze und schwarzweiße Vögel am Wasser 8

Vögel am Wasser mit spitzem Schnabel 12

Große weiße Vögel am und im Wasser 16

Vögel am Wasser mit flachem Schnabel 17

Vögel mit langen Beinen 22

Möwenartige Vögel mit langen Schwingen 26

Sumpfvögel mit langem Schnabel 33

Sumpfvögel mit kurzem Schnabel 37

Hühnerartige Vögel 39

Greifvögel 42

Eulen 49

Tauben 52

Schwalbenartige Vögel 54

An Bäumen kletternde Vögel 56

Vögel mit Schopf oder anderem Federschmuck 59

Kleine lerchenähnliche Vögel 61

Kleine blaue und blaugraue Vögel 64

Kleine graubraune und braune Vögel 66

Kleine gelbgrüne Vögel 70

Schwarze und schwarzweiße Vögel 73

Gesprenkelte Drosseln 75

Kleine Vögel mit dunkler Kapuze 76

Kleine gelbe und gelbbraune Vögel 79

Vögel mit dunkler Augenmaske 81

Spatzenähnliche Vögel 83

Kleine bunte Vögel 85

Krähenvögel mit kräftigem Schnabel 89

Register 92

Die Vögel gehören zu den attraktivsten und beliebtesten Wirbeltieren. Vielleicht, weil wir sie verhältnismäßig leicht beobachten können. Sie fesseln unsere Aufmerksamkeit durch ihre Farbenpracht, ihre Bewegungsfreude und ihren ausdrucksvollen Gesang. Auf der Erde leben rund 9000 Vogelarten, im vorliegenden Buch begegnen wir etwa 340 davon. Vorgestellt werden sie nach äußerlichen Ähnlichkeiten, ohne Rücksicht darauf, zu welcher systematischen Gruppe sie gehören. So treten zum Beispiel Vögel mit langen Beinen gemeinsam auf einer Seite auf - egal, ob sie zu den Watvögeln oder den Stelzvögeln gehören. Vögel mit Schöpfen oder anderen Schmuckfedern wiederum können Sumpfvögel und Singvögel umfassen, usw.

Das Hauptaugenmerk richtet sich also auf das Aussehen der Vögel: Die Form von Körper, Beinen oder Schnabel wird durch die Umgebung geprägt, in der bestimmte Arten leben, und durch die Nahrung, die sie fressen. So haben Sumpfvögel meist lange Schnäbel für die Nahrungssuche im Schlamm, Greifvögel und Eulen haben dagegen scharfe Schnäbel, mit denen sie die Beute zerteilen können. Einige Singvögel haben feine Schnäbelchen in Form einer Pinzette, mit denen sie Insekten aus Borkenritzen picken, andere wiederum haben dicke "Nussknacker" für Kerne usw. Besonders wichtig ist das Gefieder der Vögel. Die Federn wachsen aus Federtaschen in der Haut, und zwar nach einem festgelegten Programm zunächst die Flaumfedern, dann das Federkleid des Jungvogels, das Übergangsgefieder (die Racken beispielsweise haben davon mehrere), das Ruhekleid (das einfache oder auch das Winterruhekleid) und schließlich das Hochzeits- oder Brutkleid des ausgewachsenen Vogels. Im Sommer oder Herbst werden alle im Laufe des Jahres abgenutzten oder verbrauchten Federn einschließlich der Schwungfedern in den Flügeln und der Schwanzfedern (Vollmauser) ersetzt. Vor der nächsten Brutperiode (im Frühling) kommt es zu einer Teilmauser, bei der die kleinen Deck- oder Konturfedern ersetzt werden und die Vögel ein viel bunteres Hochzeitskleid erhalten (am auffälligsten wohl bei den Enten). Damit sind freilich die Farbwechsel des Gefieders im Jahreslauf nur teilweise erklärt. Die ausgewachsene Feder ist ein totes

Gebilde, deshalb kann die Farbe nicht durch den Transport von Farbstoffen im Innern der Feder verändert werden. Darum auch kann es nur dann zu einem Farbwechsel kommen, wenn sich der Vogel mausert. In der Mauser fallen die Federenden ab. So hat beispielsweise ein Finkenhahn im Herbst einen braunen Kopf, zum Frühjahr brechen jedoch die braunen Säume der Deckfederchen ab und zum Vorschein kommt eine mohngraue Farbe. Der Star ist im Herbst auffällig gesprenkelt, zum Frühling hin erhält er jedoch ein dunkles, beinahe einfarbig schwarzes Kleid, nachdem die hellen Spitzen von den Konturfederchen abgetrennt wurden.
Bei vielen Vögeln sind die Männchen auffälliger gefärbt als die Weibchen. Diese Erscheinung nennt man Geschlechts-Dimorphismus. Dieser hängt einerseits damit zusammen, dass das Männchen sich in der Balz oder bei der Verteidigung des Nistbezirks durch farbige Signale zur Geltung bringen will, andererseits damit, dass es für das brütende Weibchen sicherer ist, nicht aufzufallen. Bei einigen Arten sitzen jedoch die Männchen auf dem Gelege, und da sind es dann die Weibchen, die die bunteren Farben aufweisen, so z.B. beim Odinshühnchen. Häufig sind in den Zeichnungen deshalb sowohl die Männchen ♂ als auch die Weibchen ♀ dargestellt, manchmal auch das Altvogel- und das Jugendkleid (das häufig dem Kleid des Weibchens ähnelt) oder der Unterschied zwischen dem Hochzeits- und dem einfachen Kleid. Einige Vögel werden im Flug gezeigt, sodass die Form und die charakteristische Zeichnung der Flügel oder auch der Schwanzfedern anschaulich werden. Häufig unterscheidet sich die Bürzelfarbe von der des Rückens und des Schwanzes, sie ist

deshalb bei ähnlichen Arten ein wichtiges Bestimmungsmerkmal (etwa der graue Bürzel der Wacholderdrossel gegenüber dem der anderen Drosseln). Auf typische Erkennungsmerkmale verweisen Pfeile in Text und Bild.
In einigen Fällen verweisen Zeichnungen auf Merkmale, die die Anwesenheit bestimmter Arten im beobachteten Lebensraum verraten, beispielsweise Nester. Diese sind sehr vielfältig und mitunter so charakteristisch, dass sie nicht mit den Nestern einer anderen Art zu verwechseln sind, z.B. die Nester bestimmter Schwalbenarten oder der Singdrossel. Andere Zeichnungen veranschaulichen den typischen Balzflug oder die Bewegungsform, wieder andere helfen bei der Bestimmung aus der Nähe.
Eines der wichtigsten Erkennungsmerkmale von Vögeln ist jedoch die Stimme, ganz besonders der Gesang. Dieser konnte leider nur dort

beschrieben werden, wo er nicht zu kompliziert ist und die Silben einigermaßen genau die Töne wiedergeben können (z.B. beim Zilpzalp: "zilp, zalp"). Diese Transkription ist jedoch kein besonders gutes Hilfsmittel, um Vogelstimmen kennen zu lernen. Es gibt aber zahlreiche Aufnahmen von Vogelgesang und vielen weiteren Tönen wie Lockrufen, Warnrufen, Jungvogelstimmen u. Ä., die viel besser zum Erlernen taugen. Dennoch ist es wohl am besten, die Stimmen direkt in der Natur, vielleicht sogar in Begleitung eines erfahrenen Ornithologen, erkennen zu lernen.
Auch eine charakteristische Bewegung kann bei der Bestimmung eines beobachteten Vogels hilfreich sein. So klettern beispielsweise Baumläufer vom Fuß eines Baumes nach oben und fliegen dann zum Fuß des nächsten Baumes. Die Stelzen wippen auf ganz bestimmte Art mit dem Schwanz, die Wasseramsel mit dem ganzen Körper. Der Zwergschnäpper stellt seinen Schwanz auf und breitet ihn fächerförmig aus. Der Raufußkauz fliegt geradeaus, während der Steinkauz in Wellenlinien fliegt.
Im Text ist immer auch der Lebensraum der vorgestellten Arten kurz beschrieben, was ebenfalls bei der Bestimmung hilfreich sein kann. So lebt der Schilfrohrsänger im Schilf, der ihm ähnliche Sumpfrohrsänger aber in Buschwerk, Brennnesselfeldern u. Ä. Diese Angabe gilt jedoch nur für die Brutzeit, danach wird die Beziehung zum abgegrenzten Biotop gelöst und die Vögel beginnen zu vagabundieren, sodass man sie nun auch an ganz untypischen Orten antreffen kann. Im Text ist stets die Körperlänge des ganzen Vogels angegeben, wenngleich es in der Natur und besonders im Flug ziemlich schwierig ist, die Größe eines Vogels zu schätzen. In Form einfacher grafischer Symbole sind bei allen Arten die Brutform (7 Kategorien) und der Migrationsstatus (3 Kategorien) notiert. Ein Standvogel bleibt das ganze Jahr über in der Nähe seines Nistplatzes (z.B. Haussperling, Kleiber). Eine ziehende (migrierende) Art verlässt jedes Jahr ungefähr zur gleichen Zeit den Nistplatz und fliegt in unterschiedlich weit entfernte Winterquartiere, um im nächsten Jahr wieder zurückzukehren (z.B. Rauchschwalben oder der Kuckuck). Bei teilziehenden Arten zieht ein Teil der Population fort, ein anderer aber bleibt in der Nähe des Nistplatzes. Überdies sind viele Arten, die in Mitteleuropa teilweise ziehen, in Nordeuropa Zugvögel und in Südeuropa Standvögel.
Das vorliegende Buch leistet als praktischer Begleiter im Terrain gute Dienste, das kleine Format lässt sich leicht in die Tasche stecken oder im Rucksack mitnehmen. Es soll auch dem Laien bei seiner ersten Bekanntschaft mit der bunten Vogelwelt helfen.

Erläuterungen

Brutformen

 auf dem Boden

 in Sträuchern und auf Bäumen

 in Baumhöhlen, Nistkästen oder Steinhaufen

 auf der Oberfläche oder in Höhlungen von Felsen

 im Boden (in Erdlöchern und Bauen oder in Lehmwände gegrabene Höhlen)

 im Schilf, Röhricht, Riedgras, auf ebenen Flächen und im Bewuchs von Sumpfpflanzen auf dem Wasser; an Schilfhalmen, Rohrstängeln und den Stängeln verschiedener Krautpflanzen

 an Bauten (Gebäuden, Brücken, Schuppen, Scheunen u. Ä.)

Wanderung

 migrierend (Zugvogel)

 Standvogel

  teilziehend (ein Teil der Population zieht, ein Teil bleibt an den Nistplätzen; in einigen Gegenden Europas Zugvogel, in anderen Standvogel)

SCHWARZE UND SCHWARZWEISSE VÖGEL AM WASSER

Großer Kormoran

Phalacrocorax carbo, 80-100 cm. Schwarz, im Hochzeitskleid mit weißen Flecken an Kopf ▲ und Waden ▲. Die Jungen sind bräunlich. Beim Schwimmen taucht er tief ein, den schmalen Schnabel schräg nach oben gestreckt. Guter Taucher. Sitzt hoch aufgerichtet auf dem Boden. Nistet in Kolonien auf Bäumen.

Krähenscharbe

Phalacrocorax aristotelis, 65-80 cm. Schwarz, im Hochzeitskleid mit geringelter Federtolle auf dem Kopf ▲. Die Jungen sind bräunlich mit weißlichem Kinn ▲. Wie alle Kormorane trocknet sie sich nach der Jagd mit ausgebreiteten Flügeln. Nistet gesellig auf Felsvorsprüngen.

Zwergscharbe

Phalacrocorax pygmaeus, 45-55 cm. Schwarz, im Brutkleid mit weißen Tupfen übersät ▲. Rastet auch im Buschwerk. Wie andere Kormorane läuft sie beim Auffliegen übers Wasser und hat im Flug die Form eines Kreuzes. Nistet in Kolonien auf Bäumen, Sträuchern und auf plattgedrücktem Schilf.

Blässhuhn

Fulica atra, 36-39 cm. Schwarz mit weißem Schnabel und weißer Blesse auf der Stirn ▲. Die Jungen sind graubraun, am Hals grauweiß ▲. Blässhühner halten sich fast ausschließlich auf dem Wasser auf. Beim Auffliegen laufen sie übers Wasser. Nistet an zugewachsenen Gewässerrändern.

Grünfüßiges Teichhuhn

Gallinula chloropus, 32-35 cm. Grüne Beine mit sehr langen Zehen, rote Stirn, roter Schnabel mit gelber Spitze ▲. Beim Gehen und Schwimmen zuckt es ständig mit dem schwarzweißen Schwänzchen ▲. Die Jungen sind grauschwarz mit weißlicher Kehle (oben). Lebt im dichten Wasserpflanzenbewuchs.

Austernfischer

Haematopus ostralegus, 40-45 cm. Von schwarzweißer Färbung mit auffallend rotem Schnabel ▲ und roten Beinen. Im Flug werden ein weißer Flügelstreif und der weiße Bürzel sichtbar ▲. Im Ruhe- und Jugendkleid liegt über der Kehle ein weißes Band. Hält sich an Meeresküsten, größeren Flüssen und Seen auf.

Trauerente

Melanitta nigra, 44-54 cm. Der Erpel ist schwarz mit schwarzgelbem, an der Wurzel verdicktem Schnabel ▲. Weibchen dunkelbraun mit hellen Wangen ▲ und dunklem Käppchen. Nistet an Seen und Sümpfen in der Tundra, überwintert am Meer. Im Binnenland selten.

Samtente

Melanitta fusca, 51-58 cm. Erpel schwarz mit weißem Spiegel ▲ und weißem Fleck unter dem Auge. Der Schnabel ist schwarzgelb. Weibchen dunkelbraun mit zwei weißlichen Flecken auf den Wangen ▲. Bei Samtenten und Trauerenten erzeugen die Flügel im Flug pfeifende Töne.

Schellente

Bucephala clangula, 42-50 cm. Der große abgerundete Kopf ist beim Erpel schwarz mit grünem Schimmer und weißem Fleck an der Schnabelwurzel ▲, beim Weibchen braun ▲. Hält sich stets im Wasser auf, taucht oft. Ruckartiger Flug mit melodischem Pfeifen der Schwungfedern. Nistet in Baumhöhlen.

Reiherente

Aythya fuligula, 40-47 cm. Erpel schwarz mit weißen Flanken ▲ und herabfallendem Schopf ▲. Das Weibchen hat nur den Ansatz eines Schopfes ▲ und einen weißen Fleck am Schnabel ▲. Auffällig sind die gelben Augen. Lebt an Gewässern mit dichter Ufervegetation.

Bergente

Aythya marila, 42-51 cm. Ähnelt der Reiherente, hat aber keinen Schopf. Das Männchen hat einen grauen, fein gewellten Rücken ▲, das Weibchen weiße Felder am Schnabel und im Ohrbereich ▲. Nistet an Seen in Tundra und Taiga, überwintert an der Küste oder an Binnengewässern.

Eiderente

Somateria mollissima, 50-71 cm. Fließender Übergang des Schnabels in die Stirn ▲. Das Männchen hat in der Balz einen schwarzen Bauch, einen weißen Rücken und grünen Nacken. Ein schwarzer Streifen zieht sich über das Auge ▲. Das Weibchen ist dunkelbraun gefleckt. Nistet an der Küste.

Tordalk

Alca torda, 37-39 cm. Schwarzweiß, über den Flügel zieht sich ein weißes Band ▲. Der hohe, seitlich abgeflachte Schnabel hat eine weiße Zeichnung ▲. Im Ruhekleid sind Kehle und Wangen weiß ▲. Lebt in Kolonien am Meer, sitzt aufrecht auf Felsvorsprüngen.

Trottellumme

Uria aalge, 38-45 cm. Braunschwarz, an der Unterseite weiß, auf dem Flügel ein weißes Band ▲. Der Schnabel ist schmal, schlank ▲. Außerhalb der Brutzeit sind Wangen und Kehle weiß. Nistet in Kolonien auf Felsküsten und felsigen Inseln. Schwimmt mit erhobenem Hinterteil.

Grillteiste

Cepphus grylle, 30-32 cm. Hat rote Beine ▲. Im Hochzeitskleid ist sie schwarz mit einem großen weißen Feld auf den Flügeln ▲, im Ruhekleid oberseits weiß gefleckt ▲. Lebt in kleineren Gruppen als andere Alken. Nistet auf felsigen Küsten und Inseln.

Papageitaucher

Fratercula arctica, 26-29 cm. Graues Gesicht, hoher, rotgelber Schnabel ▲, rote Beine. Nach der Brutperiode verliert er die äußeren Teile seines Schnabels, der dann schmaler wird und überwiegend gelb ist. Die Jungvögel haben einen noch schmaleren Schnabel ▲. Hält sich nur am Meer auf.

SCHWARZE UND SCHWARZWEISSE VÖGEL AM WASSER

VÖGEL AM WASSER MIT SPITZEM SCHNABEL

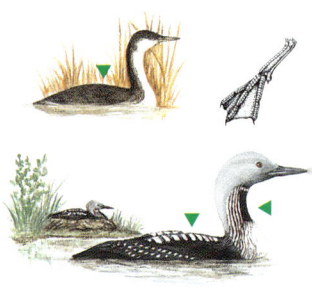

Sterntaucher

Gavia stellata, 53-69 cm. Im Frühling mit rotbraunem Fleck auf dem grauen Hals ▲. Oberseite im Winter grauschwarz mit feinen weißen Tüpfeln ▲. Der Schnabel scheint leicht nach oben gebogen zu sein. Nistet an Seen und Sümpfen, im Winter hält er sich am Meer oder an Binnengewässern auf.

Prachttaucher

Gavia arctica, 58-73 cm. Im Frühjahr mit schwarzen Feldern auf dem schwarzweiß gestreiften Hals ▲ und einem gegitterten Rückenkleid ▲. Winterkleid oberseits braungrau ▲. Kann sehr lange tauchen. Nistet an tiefen Seen, überwintert am Meer, aber auch an Gewässern im Binnenland.

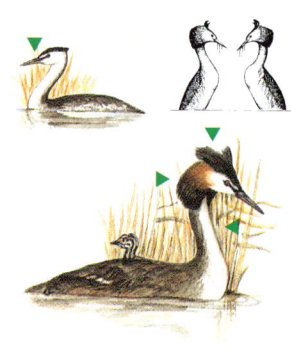

Rothalstaucher

Podiceps griseigena, 40-50 cm. Im Frühling sind die grauen Wangen und der rotbraune Hals typische Merkmale ▲. Auch im Winterkleid mit gelber Schnabelwurzel, dunklem Scheitel, grauem Gesicht und kantiger Nackenpartie ▲. Hält sich meist im Schilf versteckt, schwimmt nur selten aufs offene Wasser hinaus.

Haubentaucher

Podiceps cristatus, 46-51 cm. Die Vorderseite des dünnen Halses ist im Frühling weiß ▲, am Kopf sitzen schwarze Hörnchen ▲ und ein aufstellbarer Kragen ▲. Im Winterkleid mit dunklem Käppchen und dunklem Streifen über dem Auge ▲. In der Balz nehmen die Vögel einander gegenüber Spiegelposition ein.

Ohrentaucher

Podiceps auritus, 31-38 cm. Im Frühjahr mit rotbraunem Hals ▲ und orangegelben aufstellbaren Federbüscheln an den Kopfseiten ▲. Im Winterkleid scharfe Abgrenzung zwischen dem dunklen Scheitel und den weißen Wangen ▲. Bei allen Tauchern sind die Zehen von lederartigen Säumen eingefasst

Zwergtaucher

Tachybaptus ruficollis, 25-29 cm. Im Frühling mit kastanienfarbenem Hals und gelblichem Schnabelfleck ▲, im Winter mit gelbbraunem Hals ▲. Schwimmt nur ab und zu aus dem dichten Bewuchs kleiner Teiche hervor, meldet sich jedoch lautstark im Duett mit an- und absteigendem "bibibi".

Schwarzhalstaucher

Podiceps nigricollis, 28-34 cm. Rote Augen und leicht nach oben gebogener Schnabel. Im Hochzeitskleid ist der Hals schwarz ▲ und der Kopf mit einem Fächer goldgelber Federn geschmückt ▲. Im Ruhekleid ist die Grenze zwischen Scheitel und Wangen unscharf ▲. Bewohnt stehende Gewässer.

Odinshühnchen

Phalaropus lobatus, 18-19 cm. Sehr dünner Schnabel. Im Frühjahr fallen das weiße Kinn und ein rostrotes Band am Hals auf ▲. Das Weibchen ist bunter als das Männchen. Schwimmt hoch auf dem Wasser sitzend, nistet koloniebildend in der Tundra an Seen und Sümpfen.

VÖGEL AM WASSER MIT SPITZEM SCHNABEL

VÖGEL AM WASSER MIT SPITZEM SCHNABEL

Zwergsäger

Mergus albellus, 38-44 cm. Die weiße Farbe des Männchens ergänzen eine schwarze Zeichnung und ein kurzer Schopf ▲. Das Weibchen ist graubraun mit weißen Wangen und braunem Käppchen ▲. Wie alle Säger hält er sich stets auf dem Wasser auf. Guter Taucher. Brütet in Baumhöhlen.

Mittelsäger

Mergus serrator, 51-62 cm. Charakteristisch ist der gespaltene Nackenschopf ▲ Männchen mit schwarzgrünem Kopf, weißem Streifen am Hals und braunem Kropf ▲. Beim Weibchen geht die rostbraune Farbe ▲ an Hals und Kopf fließend in Grau über. Lebt hauptsächlich an der Küste, brütet am Boden.

Gänsesäger

Mergus merganser, 58-66 cm. Männchen mit schwarzgrünem Kopf und der Andeutung eines Schopfes ▲ und rosa Unterseite ▲. Der rostbraune Kopf und Hals des Weibchens werden scharf begrenzt von einem weißen Kinnfleck, im Nacken sitzt ein Schopf ▲. Brütet in hohlen Bäumen am Süß- und Salzwasser.

Purpurralle

Porphyrio porphyrio, 45-50 cm. Ganz blau, nur die Schwanz-Deckfedern sind weiß ▲. Die langen Beine, der massive Schnabel und das Stirnschild sind rot ▲. Die Jungvögel sind eher blaugrau ▲. Hält sich im dichten Pflanzenbewuchs am Ufer auf, schwimmt nur selten.

Wasserralle

Rallus aquaticus, 22-28 cm. Langer, roter Schnabel ▲, graue Brust und schwarzweiße Querstreifen an den Körperseiten ▲. Jungvögel mit hellerem Schnabel und Querflecken auf Brust und Hals ▲. Lebt versteckt im dichten Uferbewuchs, verrät sich durch Gebrumm und schweineartiges Quieken.

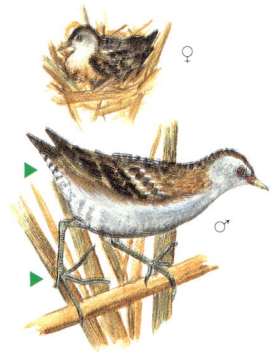

Kleines Sumpfhuhn

Porzana parva, 18-20 cm. Der kurze gelbgrüne Schnabel ist an der Wurzel rot, nur unter dem Schwanz ist der Vogel quer gestreift ▲. Das Männchen hat eine graublaue Unterseite, das Weibchen eine gelbbraune. Die Beine sind grün ▲. Lebt am Rande dicht mit Sumpfpflanzen bewachsener Gewässer.

Zwergsumpfhuhn

Porzana pusilla, 17-19 cm. Rötliche Beine ▲. Die schwarzweiße Querstreifung reicht bis auf die Bauchseiten ▲, auf dem Rücken mehrere weiße Flecken. Die Jungvögel sind auch auf der Brust gestreift ▲. Bewohnt dicht bewachsene sumpfige Orte. Zuckt wie alle Sumpfhühner beim Gehen mit dem Schwanz.

Tüpfelsumpfhuhn

Porzana porzana, 22-24 cm. Getüpfelte braune Brust ▲ und Körperoberseite, Querstreifen an den Bauchseiten und gelbbraune Deckfedern unter dem Schwanz ▲. Grüne Beine. Von Teichrändern und feuchten Wiesen meldet es sich mit einer Stimme, die an das Sausen einer Rute erinnert.

VÖGEL AM WASSER MIT SPITZEM SCHNABEL

GROSSE WEISSE VÖGEL AM UND IM WASSER

Rosapelikan

Pelecanus onocrotalus, 140-175 cm. Das Gefieder hat einen rosa Schimmer. Im Flug sieht man die schwarzweiße Flügelunterseite ▲. Die Umgebung des Auges ist kahl, der Kopf ohne Schopf ▲, die Beine sind gelbrot ▲. Beide Pelikanarten tragen den Hals im Flug s-förmig gebogen. Gute Segler.

Krauskopfpelikan

Pelecanus crispus, 160-180 cm. Das weiße Gefieder ist am Scheitel gekräuselt ▲. Die Beine sind grau ▲, die Umgebung des Auges befiedert. Die Flügelunterseite ist schmutzig weiß ▲. Beide Pelikanarten leben an fischreichen Gewässern und in Flussdeltas mit ausgedehnten Schilfflächen.

Höckerschwan

Cygnus olor, 145-160 cm. Altvögel weiß mit schwarzem Höcker an der Wurzel des orangeroten Schnabels ▲. Schwimmend trägt er den Hals s-förmig gebogen, die Flügel halb erhoben. Jungvögel graubraun ▲. Die Flügel erzeugen im Flug melodische Töne. Bewohnt stehende und fließende Gewässer.

Singschwan

Cygnus cygnus, 145-160 cm. Die gelbe Farbe des Schnabels läuft scharf zur schwarzen Spitze hin aus ▲. Hält den Hals gerade, die Flügel am Körper angelegt. Bewohnt stehende, im Winter auch fließende Gewässer. Bei den Jungschwänen ist der Hals kurz und das Gelb auf dem Schnabel endet bogenförmig ▲ (Detail).

Saatgans

Anser fabalis, 66-88 cm. Graubraun mit ungeflecktem grauem Bauch, Hals und Kopf dunkel, Schnabel schwarzgelb ▲. Die Flügel sind oberseits dunkel ▲. Nistet am Wasser, sucht im Winter Wiesenflächen und Felder in der Nähe großer Gewässer auf.

Kurzschnabelgans

Anser brachyrhynchus, 60-75 cm. Schnabel rot bis rosa ▲ und kürzer als bei anderen Gänsearten. Die blaugraue Oberseite kontrastiert mit dem dunklen Kopf und Hals. Beine rosa ▲. Nistet in der Tundra, im Winterquartier sucht sie Weiden und Felder an seichten Gewässern auf.

Zwerggans

Anser erythropus, 53-66 cm. Weißes Stirnfeld bis hinters Auge, um das ein gelber Ring liegt ▲. Unterseite quer dunkel gefleckt, Flügel spitz. Lebt in Tundra und Baumtundra, im Winterquartier am Wasser. Blässgans (*Anser albifrons*, Detail) mit kleinerem Fleck über dem Schnabel ▲.

Graugans

Anser anser, 75-90 cm. Vollständig grau. Im Flugbild sieht man die typischen hellgrauen Felder vorn an den Schwingen ▲. Fliegt oft in Reihe oder Keilformation. Der große Schnabel ist orange oder fleischfarben ▲. Lebt an schilfbestandenen Wasserflächen.

VÖGEL AM WASSER MIT FLACHEM SCHNABEL

VÖGEL AM WASSER MIT FLACHEM SCHNABEL

Kanadagans

Branta canadensis, 90-100 cm. Kopf und Hals schwarz mit weißem Band, das sich vom Kinn schräg nach oben zieht ▲. Bewohnt die verschiedensten Gewässer, auch die Küsten. Stammt aus Nordamerika, in Nord- und Westeuropa eingebürgert.

Ringelgans

Branta bernicla, 56-61 cm. Brust, Kopf und Hals schwarz, Altvögel mit weißem Streifen am Hals ▲. Eine Unterart hat einen dunklen Bauch (▲ unten), die andere einen weißlichen ▲, scharf abgesetzt von der dunklen Brust. Nistet in der arktischen Tundra, überwintert hauptsächlich am Meer.

Rostgans

Tadorna ferruginea, 61-67 cm. Färbung rostbraun ▲, Flügel- und Schwanzspitzen schwarz. Das Männchen hat einen schwarzen Ring um den Hals ▲ und einen dunkleren Kopf. Lebt an seichten, oft salzigen Seen sowie in Teichlandschaften und an Flüssen.

Brandgans

Tadorna tadorna, 58-71 cm. Schwarz-rostbraun-weiße Färbung. Schnabel leuchtend rot, beim Männchen mit einem Höcker an der Wurzel ▲, beim Weibchen weiß gesäumt ▲. Die Jungvögel (Detail) sind graubraun, unterseits weiß. Lebt an Küsten und Binnenseen.

Pfeifente

Anas penelope, 45-51 cm. Kurzer, blaugrauer Schnabel ▲, runder Kopf. Der Erpel hat im Hochzeitskleid einen rotbraunen Kopf mit gelber Stirn ▲ und einen braunen Kropf ▲. Im Flugbild zeichnen sich beide Geschlechter durch den weißen Bauch aus. Hält sich auf dem offenen Wasser auf.

Schnatterente

Anas strepera, 46-56 cm. Männchen im Frühling dunkelgrau mit feiner Wellung und schwarzem Hinterteil ▲. Arttypisch ist der größere weiße Spiegel in den Flügeln, sichtbar vor allem im Flug. Nistet an stehenden Gewässern mit reicher Ufervegetation.

Stockente

Anas platyrhynchos, 51-62 cm. Charakteristisch ist der dunkelblaue, weiß gesäumte Spiegel ▲. Das Männchen hat im Hochzeitskleid einen metallisch grünen Kopf ▲, ein weißes Band um den Hals und eine kastanienbraune Brust ▲. Bewohnt alle Arten von Gewässern.

Spießente

Anas acuta, 51-76 cm. Dünner, längerer Hals und verlängerte Schwanzfedern ▲, vor allem beim Erpel. Dieser hat im Frühjahr einen weißen Hals mit schmalen Ausläufern auf den braunen Kopf ▲. Das Weibchen hat einen grauen Schnabel ▲. Lebt an Gewässern mit reichem Pflanzenbewuchs.

VÖGEL AM WASSER MIT FLACHEM SCHNABEL

VÖGEL AM WASSER MIT FLACHEM SCHNABEL

Krickente

Anas crecca, 34-38 cm. Die kleinste Ente. Erpel im Frühling mit braunem Kopf, seitlich mit metallisch grünen, gelb gesäumten Streifen ▲ und einem gelben Fleck unter dem Schwanz ▲. Das Weibchen ist gefleckt mit grünem Spiegel. Nistet an Teichen, Mooren und Flussufern.

Knäkente

Anas querquedula, 37-41 cm. Der Erpel hat im Brutkleid auf dem braunen Kopf einen sichelförmigen, weißen Überaugenstreif ▲. Das Weibchen hat einen hellen Streifen am Auge. Der Spiegel ist hellgrün, weiß gerahmt. Bewohnt Gewässer mit reichem Bewuchs.

Löffelente

Anas clypeata, 49-52 cm. Langer, löffelartig verbreiterter Schnabel ▲. Das Männchen hat im Hochzeitskleid einen metallisch grünen Kopf, eine weiße Brust und rotbraune Flanken ▲. Lebt an Gewässern, in Sümpfen und Überschwemmungsgebieten

Kolbenente

Netta rufina, 53-57 cm. Erpel mit rotem Schnabel ▲, rostfarbenem Kopf, schwarzer Brust, schwarzem Schwanz und weißen Flanken ▲. Weibchen graubraun mit hellen Wangen und dunklem Oberkopf ▲. Lebt an seichten Ansammlungen von Süß-, Salz- und Brackwasser.

Tafelente

Aythya ferina, 42-49 cm. Gedrungene Tauchente. Kräftiger Hals und leicht nach oben gebogener Schnabel. Männchen im Frühjahr mit rotbraunem Kopf ▲ und Hals, schwarzem Kropf ▲ und silbergrauem Rücken. Weibchen mit heller Zeichnung an der Schnabelwurzel und im Ohrbereich ▲. Lebt am Süßwasser.

Moorente

Aythya nyroca, 38-42 cm. Dunkelbraune Tauchente mit rötlichem Schimmer, weißen Deckfedern unter dem Schwanz ▲ und weißem Spiegel. Das Weibchen hat braune Augen ▲, der Erpel weiße ▲. Bevorzugt flache Gewässer mit reichem Pflanzenbewuchs.

Kragenente

Histrionicus histrionicus, 38-45 cm. Kurzer Schnabel ▲. Männchen dunkelgraublau mit weißer Zeichnung ▲ und kastanienfarbenen Flanken. Das Weibchen hat drei weiße Flecken auf dem Kopf. Nistet an reißenden Strömen, überwintert an der Küste.

Eisente

Clangula hyemalis, 37-60 cm. Auffallend langer Schwanz ▲. Der Erpel ist im Sommer schwarzbraun mit weißen Flächen am Auge ▲, im Winter (unten) sind Kopf, Hals und Unterseite weiß ▲, unter dem Auge ist ein brauner Fleck. Nistet an Seen in der Tundra, überwintert meist am Meer.

VÖGEL AM WASSER MIT FLACHEM SCHNABEL

VÖGEL MIT LANGEN BEINEN

Graureiher

Ardea cinerea, 90-98 cm.
Grau mit weißem Bauch und Hals, ein schwarzer Streifen über dem Auge läuft in verlängerte Schmuckfedern aus ▲. Hält sich am Wasser auf, nistet in Kolonien auf Bäumen. Fängt häufig Wühlmäuse auf angrenzenden Wiesen.

Purpurreiher

Ardea purpurea, 78-90 cm. Altvogel braun mit schwarzen Längsstreifen am Hals und verlängerten Schmuckfedern im Nacken ▲. Jungvögel gelbbraun mit undeutlichen Streifen. Reiher fliegen und stehen oft mit s-förmig zurückgebogenem Hals ▲. Nistet gesellig im Schilfgürtel von Teichen.

Silberreiher

Egretta alba, 85-102 cm. Weiß mit schwarzen Beinen. In der Brutzeit hat er verlängerte Federn auf dem Rücken ▲. Teilziehend. Der Seidenreiher (*Egretta garzetta*) hat verlängerte Federn im Nacken und auf dem Rücken sowie schwarze Beine mit gelben Zehen ▲. Zugvogel.

Nachtreiher

Nycticorax nycticorax, 58-65 cm. Geduckte Gestalt mit großem Kopf. Altvögel mit schwarzem Rücken ▲ und Scheitel, in der Brutzeit mit langen weißen Federn im Nacken ▲. Die Jungvögel ▲ sind weiß getüpfelt. Nistet in Kolonien auf Büschen und Bäumen in der Nähe von Sümpfen und Gewässern.

Kuhreiher

Bubulcus ibis, 48-53 cm. Weiß, im Hochzeitskleid mit rostfarbenem Scheitel, Rücken ▲ und Brust. Beine und Schnabel sind rötlich. Jungvögel weiß mit gelbbraunen bis schwarzen Beinen. Begleitet gerne Rinderherden, in deren Nähe er Kleintiere fängt.

Rallenreiher

Ardeola ralloides, 44-47 cm. Im Hochzeitskleid an Hals und Rücken herabwallende verlängerte Federn ▲, im Nacken lange, schwärzliche Federn. Schnabel blaugrün mit schwarzer Spitze ▲. Die Jungvögel sind längs gefleckt ▲. Brütet in Kolonien an Seen und Sümpfen.

Zwergdommel

Ixobrychus minutus, 33-38 cm. Männchen mit schwarzem Scheitel und Rücken ▲, Weibchen mit braunen und ockerfarbenen Streifen an Hals und Brust ▲. Bewohnt stehende und langsam fließende Gewässer, wo sie im Schilfrohr klettert. Fliegt meist nur knapp über dem Schilf oder Wasser.

Rohrdommel

Botaurus stellaris, 70-80 cm. Grüne Beine ▲. Lebt versteckt im Schilfgürtel von Teichen, Seen und Sümpfen. In Gefahr verharrt sie regungslos in aufgerichteter Stellung ▲. In der Brutzeit verrät sie sich besonders nachts durch tiefes, muhendes Rufen.

VÖGEL MIT LANGEN BEINEN

VÖGEL MIT LANGEN BEINEN

Weißstorch

Ciconia ciconia, 98-103 cm. Schwarzweiß mit rotem Schnabel ▲ und roten Beinen ▲. Im Flug trägt er den Hals nach vorn gestreckt ▲. Bewohnt Landschaften mit ausreichenden Wasserflächen und überschwemmten Wiesen. Das Nest baut er aus Zweigen und Stöcken auf Bäumen, Dächern oder Schornsteinen.

Sichler

Plegadis falcinellus, 55-65 cm. Braun mit grünem und purpurfarbenem Glanz ▲, Jungvögel matt (Flugbild). Schmaler, bogenförmig gekrümmter Schnabel ▲. Fliegt mit gestrecktem Hals. Watet oft im seichten Wasser, nistet in Kolonien im Schilf oder auf Sträuchern.

Löffler

Platalea leucorodia, 80-90 cm. In der Brutzeit mit gelbem Band auf der Brust ▲ und langen gelblichen Federn im Nacken. Schwarze Beine. Der schwarze, löffelförmige Schnabel ist vorne gelb ▲. Jungvögel mit hellem Schnabel ▲, hellen Beinen und schwarzen Flügelspitzen. Nistet gesellig an seichten Gewässern.

Flamingo

Phoenicopterus ruber, 125-145 cm. Unverwechselbar typischer Schnabel ▲. Rosa Gefieder, die Flügel sind rotschwarz ▲. Fliegt mit ausgestrecktem Hals und Beinen. Watet in seichten Strand- oder salzigen Binnenseen. Die Nester sind Lehmhügel im Flachwasser.

Stelzenläufer

Himantopus himantopus, 35-40 cm. Ungewöhnlich lange, dünne, rote Beine ▲, schmaler, gerader Schnabel ▲. Das Männchen hat einen dunklen Scheitel und hinten auf dem Hals einen dunklen Streifen ▲, das Weibchen ist an diesen Stellen weißlich ▲. An schlammigen Ufern von Süß-, Salz- und Brackwasser.

Säbelschnäbler

Recurvirostra avosetta, 42-46 cm. Langer, dünner, nach oben gebogener Schnabel ▲, sehr lange blaugraue Beine ▲. Jungvögel mit braunschwarzen Stellen ▲ auf den Flügeln. Im Flachwasser und im Schlamm jagt er Kleintiere mithilfe seitlicher Schnabelhiebe.

Kranich

Grus grus, 114-130 cm. Auf dem schwarzen Kopf trägt er ein rotes Käppchen und einen weißen Längsstreifen ▲, über dem Schwanz ein Büschel gekräuselter Federn ▲. Fliegt mit gestrecktem Hals. Jungvögel graubraun. Brütet in Sümpfen und Schilfflächen, auf dem Zug rastet er auf Wiesen und Feldern.

Großtrappe

Otis tarda, 75-105 cm. Das Männchen hat an der Schnabelbasis einen 'Bart' aus verlängerten Federn ▲. Das balzende Männchen sieht von weitem wie eine gesträubte Kugel ▲ aus. Das Weibchen ist viel kleiner. Hält sich in Steppen, ausgedehnten Feldern und Wiesen auf.

VÖGEL MIT LANGEN BEINEN

Eissturmvogel

Fulmarus glacialis, 45-50 cm.
Weiß, nur der Rücken und die Flügeloberseiten sind grau (unten), beim dunklen Typ sind auch der Kopf und die Unterseite grau ▲. Kräftiger gelber Schnabel mit röhrenförmigen Nasenlöchern ▲. Segelt ausdauernd über dem Meer.

Gelbschnabel-Sturmtaucher

Calonectris diomedea, 45-56 cm. Oberseits dunkelgraubraun ▲, manchmal mit weißlicher Schwanzwurzel, unten weiß. Im Flug über dem Meer wechseln einige Flügelschläge mit Gleitflugphasen ab. Lässt sich (außer am Nistplatz) nicht an Land nieder.

Sturmschwalbe

Hydrobates pelagicus, 14-17 cm. Fast schwarz, nur der Bürzel ▲ und die unteren Schwanzdeckfedern sind weiß. Auf den Flügeln verläuft ein undeutliches weißes Band. Der Schwanz ist abgerundet. Fliegt flatternd nah am Meeresspiegel, folgt häufig Schiffen. Sitzt nur am Nistplatz am Ufer.

Rotflügel-Brachschwalbe

Glareola pratincola, 24-27 cm. Lange, spitze Flügel ▲ und schwalbenähnlich geteilter Schwanz ▲. Kehle gelblich, schwarz gerandet ▲. Im Flug ist der weiße Bürzel zu sehen. Nistet auf ausgetrockneten und steinigen Böden in der Nähe seichter Gewässer.

Basstölpel

Morus bassanus, 87-100 cm.
Der Altvogel hat einen spitzen, hellblauen Schnabel ▲ und einen langen, keilförmigen Schwanz ▲. Die Jungen sind dunkel, weiß getüpfelt, später wechseln sie zu weißer Färbung (Schwungfedern). Meeresbewohner, jagt im Sturzflug.

Skua, Große Raubmöwe

Stercorarius skua, 53-66 cm.
Auffallend starker, hakenförmiger Schnabel ▲. Ganz dunkelbraun. Im Flug sind auf den Flügeln weiße Felder zu sehen ▲. Nistet an felsigen Küsten und auf Inseln, verirrt sich nur selten ins Binnenland.

Schmarotzerraubmöwe

Stercorarius parasiticus, 46-67 cm.
Kommt in zwei Farbphasen vor: dunkelbraun (im Flugbild) und weißlich mit dunklem Käppchen ▲, Rücken, Flügeln und Halsseiten. Im Flug sichtbar sind die verlängerten mittleren Schwanzfedern ▲. Nistet in der nördlichen Tundra in der Nähe von Seen.

Falkenraubmöwe

Stercorarius longicaudus, 35-58 cm.
Auffällig sind die langen, spitzen mittleren Schwanzfedern ▲. Schwarzes Käppchen ▲, dunkle Flügel, dunkler Schwanz. Wangen und Halsseiten sind gelblich. Die dunkle Phase ist sehr selten. Lebt in der nördlichen Tundra.

MÖWENARTIGE VÖGEL MIT LANGEN SCHWINGEN

MÖWENARTIGE VÖGEL MIT LANGEN SCHWINGEN

Sturmmöwe

Larus canus, 38-44 cm. Weiß mit grauem Mantel und schwarzen, weiß gefleckten Flügelspitzen ▲. Im Ruhekleid vom Scheitel bis zum Nacken graubraun gefleckt ▲. Beine und Schnabel sind immer grünlich gelb ▲. Nistet am Meer oder an Binnengewässern, wo sie auch überwintert.

Silbermöwe

Larus argentatus, 55-67 cm. Häufigste Seemöwe. Der Hauptunterschied zur Weißkopfmöwe ist der geringe Anteil von Schwarz in den Flügelspitzen ▲. Beine fleischfarben ▲. Im Ruhekleid ist der Kopf grau gestrichelt. Die Jungvögel sind braun gefleckt.

Weißkopfmöwe

Larus cachinnans, 55-67 cm. Sehr ähnlich der Silbermöwe, jedoch mit gelben Beinen ▲, ganzjährig weißem Kopf und einem höheren Anteil von Schwarz in den Flügelspitzen. Nistet an Küsten, Seen und großen Flüssen.

Heringsmöwe

Larus fuscus, 52-67 cm. Weiß mit schiefergrauem ▲ oder schwarzem Mantel ▲. Die Beine sind größtenteils gelb ▲, im Winter jedoch auch fleischfarben. Wie alle Möwen nistet sie gesellig, hauptsächlich an den Küsten.

Mantelmöwe

Larus marinus, 64-78 cm. In der Brutzeit ist der Mantel schwarz mit weißen Flecken an den Flügelspitzen. Die Beine sind immer fleischfarben ▲. Typisch ist im Flugbild der weiße Saum an den vorderen und hinteren Flügelrändern ▲. Nistet an Küsten und auf Inseln.

Schwarzkopfmöwe

Larus melanocephalus, 36-38 cm. Grauer Mantel, schwarze Kapuze, die hinten bis zur Hälfte des Halses reicht ▲. Weiße Flecken über und unter dem Auge. Im Ruhekleid hat sie einen weißen Kopf mit dunklen Flecken an Auge und Ohr ▲. Nistet am Meer und an stehenden Binnengewässern.

Lachmöwe

Larus ridibundus, 38-44 cm. Dunkelbraune Kapuze ▲ und schwarze Handschwingenspitzen ▲. Im Winter hat sie auf dem weißem Kopf einen dunklen Ohrfleck. Die Jungvögel haben auf dem grauen Mantel dunkelbraune Flecken und ein dunkles Band am Schwanzende. Lebt an allen Gewässern.

Dünnschnabelmöwe

Larus genei, 42-44 cm. Langer, dünner Schnabel ▲. Kopf im Frühling weiß mit rotem Ring um das Auge. Rosa Unterseite, schwarze, spitze Flügel. Die Jungvögel haben einen orangefarbenen Schnabel und einen unauffälligen Ohrfleck. Bewohnt seichte, oft salzige Gewässer.

MÖWENARTIGE VÖGEL MIT LANGEN SCHWINGEN

Zwergmöwe

Larus minutus, 25-27 cm.
Im Hochzeitskleid sind Kopf und Nacken schwarz ▲. Die Flügel sind unterseits dunkel, am hinteren Rand weiß gesäumt ▲. Im Ruhekleid ist der Kopf weiß, der Ohrfleck und der Scheitel sind dunkel. Nistet an Seen, Teichen und Sümpfen.

Weißbart-Seeschwalbe

Chlidonias hybrida, 23-25 cm.
Wie alle Seeschwalben hat sie einen gespaltenen Schwanz. Typisch sind die mit der schwarzen oberen Kopfhälfte ▲ kontrastierenden weißen Wangen. Die Körperunterseite ist grau ▲. Bewohnt stehende und fließende Gewässer, hauptsächlich in Steppengebieten.

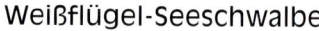

Weißflügel-Seeschwalbe

Chlidonias leucopterus, 20-23 cm. Im Hochzeitskleid schwarz mit weißen Flügeln und weißem Schwanz ▲. Im Flugbild ist die vordere Hälfte der Flügel schwarz ▲. Nistet wie alle Seeschwalben in Kolonien an stehenden, reich bewachsenen Gewässern und Sümpfen.

Trauerseeschwalbe

Chlidonias niger, 22-24 cm. Im Brutkleid ist der größte Teil des Körpers dunkelgrau, nur Kopf und Bauch sind schwarz ▲. Flügelunterseite hellgrau ▲ ebenso wie der Schwanz. Im Sitzen ragen die Flügel weit über den Schwanz hinaus. Lebt an zugewachsenen Gewässern und in Sümpfen.

Dreizehenmöwe

Rissa tridactyla, 38-40 cm. Schwarze Beine mit verkümmerter Hinterzehe. Altvögel mit schwarzen Flügelspitzen und gelbem Schnabel ▲. Im einfachen Kleid haben sie einen grauen Streifen auf dem Scheitel und einen schwarzen Fleck am Ohr ▲. Nistet koloniebildend an felsigen Küsten und auf Inseln.

Lachseeschwalbe

Gelochelidon nilotica, 33-43 cm. Die Beine sind länger als bei den übrigen Seeschwalben und immer schwarz, ebenso wie der starke Schnabel ▲. Der Kopf trägt ein schwarzes Käppchen ▲. Brütet in Kolonien an Küsten, sandigen Flussufern und Seen.

Raubseeschwalbe

Hydroprogne caspia, 48-56 cm. Starker, bei Altvögeln roter ▲, bei Jungvögeln orangefarbener Schnabel. Im Brutkleid hat sie eine bis in den Nacken reichende schwarze Kappe, die einen ausgeprägten Schopf bildet ▲. Die Handschwingen sind unterseits dunkel ▲. Lebt an sandigen Küsten und Seen.

Brandseeschwalbe

Sterna sandvicensis, 36-41 cm. Langer, schwarzer Schnabel mit gelber Spitze ▲, Beine schwarz. Das schwarze Käppchen ist im Nacken zu einem zerzausten Schopf verlängert ▲. Jungvögel mit weißlich geflecktem Käppchen, Mantel und Schwanzende dunkel gefleckt. Lebt an Küsten und auf Inseln.

MÖWENARTIGE VÖGEL MIT LANGEN SCHWINGEN

MÖWENARTIGE VÖGEL MIT LANGEN SCHWINGEN

Fluss-Seeschwalbe

Sterna hirundo, 32-39 cm. Schwarze Kappe ▲ und roter Schnabel mit schwarzer Spitze. Die Jungen haben eine weiße Stirn ▲ und einen bräunlichen Oberkopf sowie oben auf dem Mantel schwarzbraune Flecken. Hüpfender Flug, jagt mit Sturzflug ins Wasser.

Küstenseeschwalbe

Sterna paradisaea, 33-35 cm. Im Sitzen überragen die Schwanzfedern die Flügelspitzen ▲, die Beine sind sehr kurz. Schwarzes Häubchen, roter Schnabel ▲. Die Jungvögel haben eine ausgeprägtere schwarze Maske um die Augen ▲. Brütet in Kolonien an Küsten und auf Inseln.

Rosenseeschwalbe

Sterna dougallii, 33-38 cm. Schwarzes Käppchen, schwarzer, an der Wurzel roter Schnabel ▲, leicht rosa Körperunterseite ▲. Die Schwanzfedern überragen deutlich die Flügelenden. Bei den Jungvögeln sind Schnabel ▲ und Beine schwarz. Bewohnt die Küsten.

Zwergseeschwalbe

Sterna albifrons, 22-24 cm. Weiße Stirn, schwarzer Streifen vom Auge zum Sch... Gelber Schnabel mit schwarzer Spitze, gelbe Beine. Bei Jungvögeln geht der aschgraue Scheitel in den schwarzen N... über ▲. Im Flug sind die dunklen Handschwingen ▲ und der weiße Schwanz typisch. Nistet an Sand- und Kiesufern.

Uferschnepfe

Limosa limosa, 36-44 cm. Der Schnabel ist gerade. Im Hochzeitskleid sind Hals und Brust rostbraun ▲. Im Flug fallen das breite weiße Band auf den Flügeln ▲ und der schwarze Abschluss-Saum am weißen Schwanz auf ▲. Nistet in feuchten Wiesen, an Teichrändern und auf Feldern.

Pfuhlschnepfe

Limosa lapponica, 33-42 cm. Leicht nach oben gebogener Schnabel ▲. Im Flug ist die dichte Querstreifung des Schwanzes zu sehen ▲. Im Brutkleid mit rostroter Unterseite ▲. Lebt in der Moortundra, auf dem Zug hält sie sich an schlammigen Rändern von Tümpeln, sowie an den Küsten auf.

Brachvogel

Numenius arquata, 50-60 cm. Dünner, nach unten gekrümmter Schnabel ▲. Nistet in Sümpfen, auf Feuchtwiesen und Feldern. Der Regenbrachvogel *(Numenius phaeopus, oben)* ist kleiner, mit kürzerem Schnabel ▲ und dunklem Scheitel mit hellem Mittelstreif ▲. Lebt in der Tundra, auf dem Zug an Teichen.

Dunkler Wasserläufer

Tringa erythropus, 29-32 cm. Der dunkelste Sumpfvogel. Im Hochzeitskleid ▲ schwarz, oberseits fein weiß gefleckt, dunkle Beine ▲. Im Ruhekleid ist er hellgrau, dunkler gefleckt und mit roten Beinen ▲. Brütet in Waldgebieten des hohen Nordens, auf dem Zug hauptsächlich an Tümpeln anzutreffen.

SUMPFVÖGEL MIT LANGEM SCHNABEL

SUMPFVÖGEL MIT LANGEM SCHNABEL

Rotschenkel

Tringa totanus, 27-29 cm. Lange rote Beine ▲ und rote Schnabelwurzel ▲. Im Flug erkennt man die breiten weißen Felder auf den hinteren Flügelrändern ▲. Nistet in Sümpfen, auf Feuchtwiesen, an Teichrändern, seltener auf wassernahen Feldern.

Grünschenkel

Tringa nebularia, 30-35 cm. Grüne Beine ▲ und leicht nach oben gebogener Schnabel ▲. Der Bauch, der hintere Rückenteil und der Bürzel sind weiß ▲. Brütet in Tundra und Baumtundra, erscheint auf dem Zug an schlickigen Stellen am Meer oder Süßwasser.

Waldwasserläufer

Tringa ochropus, 21-24 cm. Im Brutkleid sind Unterseite, Schwanzwurzel und Bürzel weiß. Im Flugbild sind die Flügel von unten sehr dunkel ▲, oberseits sind am Schwanzende typische dunkle Streifen zu sehen ▲. Brütet in alten Vogelnestern an Waldsümpfen.

Bruchwasserläufer

Tringa glareola, 19-21 cm. Oberseits heller als die nebenstehende Art. Im Flug ist die Flügelunterseite hell ▲, der weiße Streifen am Bürzel schmaler, der Schwanz stärker gestreift ▲. Nistet in Sümpfen und auf Feuchtwiesen. Auf dem Zug in seichten Tümpeln und in Pfützen auf den Feldern anzutreffen.

Waldschnepfe

Scolopax rusticola, 33-35 cm. Am Scheitel auffällig gewölbter, quer gestreifter Kopf und hoch stehende große Augen ▲. Im Flug sichtbar sind der kurze Schwanz und die breiten Flügel ▲. Hält sich fast ausschließlich im Wald auf. Alle Schnepfen haben einen pinzettenförmigen Schnabel ▲.

Bekassine

Gallinago gallinago, 25-27 cm. Rücken und Kopf mit hellen Längsstreifen ▲. Wird sie vom Boden aufgestört, schlägt sie Haken ▲. Das Männchen erzeugt in der Balz beim Sturzflug mit den vibrierenden Schwanzfedern meckernde Geräusche ("Himmelsziege"). Nistet in Sümpfen und auf Feuchtwiesen.

Doppelschnepfe

Gallinago media, 27-29 cm. Am besten erkennt man sie beim Auffliegen an den weißen Schwanzrändern und dem ruhigen Geradeausflug. Die Vögel balzen des Nachts in großer Anzahl auf dem Boden in aufgerichteter Haltung ▲. Nistet in Torfmooren, Sümpfen und auf Feuchtwiesen.

Zwergschnepfe

Lymnocryptes minimus, 17-19 cm. Auf dem dunklen Rücken treten zwei helle Längsstreifen hervor. Scheitel schwarz ▲. Am keilförmigen Schwanz fehlt der weißliche Saum ▲. Bei Störung fliegt sie unmittelbar geradlinig auf und landet schnell wieder. Nistet in Sümpfen und Torfmooren.

SUMPFVÖGEL MIT LANGEM SCHNABEL

SUMPFVÖGEL MIT LANGEM SCHNABEL

Flussuferläufer

Actitis hypoleucos, 19-21 cm. Die weiße Bauchfarbe läuft in einem Zipfel unter der Flügelbeuge aus ▲. Im Flug sieht man ein weißes Flügelband ▲. Fliegt niedrig über dem Wasser, die Flügel nach unten gesenkt. Wippt beim Gehen mit der hinteren Körperhälfte. Nistet auf Felsenufern von Flüssen und Bächen.

Meerstrandläufer

Calidris maritima, 20-22 cm. Im Brutkleid dunkelbraun mit Flecken auf dem Rücken ▲ und graubraunen Beinen, im einfachen oder Ruhekleid dunkelgrau mit gelben Beinen und gelber Schnabelbasis. Nistet in der Steintundra, außerhalb der Brutzeit hält er sich an Felsküsten auf.

Alpenstrandläufer

Calidris alpina, 16-22 cm. Im Hochzeitskleid mit großem schwarzem Fleck auf der weißen Unterseite ▲. Hinterteil rostbraun, Schnabel leicht gebogen ▲. Im Flug sind ein weißliches Flügelband und ein weiß gesäumter dunkler Bürzel zu erkennen ▲. Nistet an grasbewachsenen Küsten, See- und Flussufern.

Sumpfläufer

Limicola falcinellus, 16-18 cm. Der Schnabel ist erst ganz am Ende leicht nach unten gebogen ▲. Auf dem dunklen Kopf trägt er einen doppelten hellen Überaugenstreif ▲. Im Flug sind die Schwanzseiten weiß ▲. Brütet in Sümpfen und Torfmooren Skandinaviens.

Sandregenpfeifer

Charadrius hiaticula, 18-20 cm. Schwarzweiße Zeichnung auf dem Kopf, weißlicher Fleck hinter dem Auge ▲, schwarzes Brustband. Die Beine sind rotbraun, der Schnabel gelb mit schwarzer Spitze ▲. Nistet hauptsächlich an den Küsten.

Flussregenpfeifer

Charadrius dubius, 14-15 cm. Der nebenstehenden Art sehr ähnlich, jedoch mit schmalem, weißlichem Streifen über der schwarzen Stirn ▲, auf den Flügeln fehlt das weiße Band ▲. Schnabel schwarz, Beine gelblich. Nistet auf sandigen und kiesigen Fluss- und Seeufern und am Grund abgelassener Teiche.

Seeregenpfeifer

Charadrius alexandrinus, 15-17 cm. Die schwarze Zeichnung auf dem Kopf ist weniger ausgeprägt als bei den Regenpfeifern oben, das Brustband vorn nicht geschlossen ▲. Beine grauschwarz ▲. Männchen im Hochzeitskleid mit rotbraunem Scheitel ▲. Brütet an Küsten und Salzseen.

Mornellregenpfeifer

Eudromias morinellus, 20-22 cm. Im Brutkleid mit grauer Brust, die durch ein weißes Band vom rotbraunen, hinten schwarzen Bauch getrennt ist ▲. Weiße Kehle und weißer Überaugenstreif ▲. (Rechts: Jungvogel.) Nistet in der Steintundra und im Hochgebirge, auf dem Zug auch im Tiefland anzutreffen.

SUMPFVÖGEL MIT KURZEM SCHNABEL

SUMPFVÖGEL MIT KURZEM SCHNABEL

Goldregenpfeifer

Pluvialis apricaria, 26-29 cm.
Im Frühling mit schwarzer Körperunterseite ▲. Oberseits goldgelb, schwarz gefleckt ▲. Im Flug helle Flügelunterseiten ▲. Im Jugend- und Ruhekleid ist die Unterseite weißlich ▲. Lebt in der Moortundra, auf dem Zug am Grund abgelassener Teiche und auf Feldern.

Kiebitzregenpfeifer

Pluvialis squatarola, 27-30 cm. Im Brutkleid mit schwarzer Unterseite bis zu den Beinen ▲, besonders an Hals und Kopf weiß gesäumt. Hinterteil eher grau ▲. Nistet in der arktischen Tundra, hält sich auf dem Zug am Grund von abgelassenen Teichen, in der Umgebung von Gewässern und auf Feldern auf.

Steinwälzer

Arenaria interpres, 21-24 cm.
Im Frühjahr mit rostbrauner und schwarzer Körperoberseite ▲, Kopf und Hals sind schwarzweiß gestreift ▲. Im Ruhekleid sind Kopf und Körperoberseite graubraun ▲. Auf der Jagd dreht er geschickt Steine und Muscheln mit dem Schnabel um ▲. Lebt an steinigen Küsten.

Temminckstrandläufer

Calidris temminckii, 12-14 cm.
Der dunkelgraubraune Kropf hebt sich von der weißen Unterseite ab ▲. Im Ruhekleid ist der Vogel heller ▲. Im Flugbild weißlicher Längsstreifen auf der Flügeloberseite, Schwanz weiß gesäumt. Nistet in der Tundra, hält sich auf dem Zug im Schlick von Teichen und Flüssen auf.

HÜHNERARTIGE VÖGEL

Moorschneehuhn

Lagopus lagopus, 37-42 cm. Im Flugbild dunkelrotbraun mit weißen Flügeln ▲, im Winter weiß mit schwarzen Konturfedern im Schwanz ▲. Beine bis zu den Zehenenden befiedert. Der Hahn hat rote Wülste über den Augen ▲, besonders ausgeprägt in der Balz. Lebt in Mooren und Heidelandschaften im Norden.

Alpenschneehuhn

Lagopus mutus, 34-36 cm. Im Frühling ist der Hahn auf der Oberseite grauschwarz ▲ und weiß gefleckt, Unterseite weiß. Im Winter weiß mit schwarzen Schwanzrändern, der Hahn hat zwischen Auge und Schnabel einen schwarzen Zügelstreif ▲. Lebt im Hochgebirge und in der Tundra.

Rebhuhn

Perdix perdix, 29-31 cm. Rotbraune Wangen und Kehle ▲, der dunkelbraune Fleck am Bauch ist beim Hahn groß ▲, bei der Henne klein oder fehlt ganz. Im Flug ist der rostrote Schwanz sichtbar. Außerhalb der Brutzeit hält es sich im Schwarm (Kette) auf. Lebt in landwirtschaftlich geprägtem Gelände.

Rothuhn

Alectoris rufa, 32-34 cm. Der schwarz umrandete weiße Kehlfleck läuft in schwarzer Strichelung aus ▲. Lebt in offener, tief liegender, steiniger Landschaft. Beim Steinhuhn (*Alectoris graeca*, oben) ist der schwarze Saum um die Kehle scharf abgegrenzt ▲. Bewohnt warme Gebirgshänge.

HÜHNERARTIGE VÖGEL

Fasan

Phasianus colchicus, 53-89 cm.
Der Kopf mit den kurzen 'Öhrchen' ▲ und der Hals des Hahns schillern grün, das Gesicht ist rot, um den Hals läuft meist ein weißer Ring. Hat einen längeren Schwanz ▲ als die Henne. Lebt im offenen Terrain mit Buschwerk und Hecken sowie im Wald.

Birkhuhn

Tetrao tetrix, 42-62 cm. Die schwarzen Hähne mit weißen Abzeichen und sattroten Augenwülsten ▲ balzen in Gruppen auf dem Boden. Sie halten dabei den Schwanz aufgefächert und lassen die Flügel hängen ▲. Bewohnt Wälder mit großen Lichtungen, Torfmoore und Heidelandschaften.

Auerhuhn

Tetrao urogallus, 67-94 cm.
Der Hahn ist schwarz mit weißem Fleck auf dem vorderen Flügelrand. Balzt auf Bäumen und auf der Erde ▲. Der zur Balz ausgebreitete Schwanz verändert mit dem Alter seine Form. Die Henne hat eine rostrote Brust ▲. Bewohnt überwiegend Nadelwälder.

Haselhuhn

Bonasa bonasia, 34-37 cm. Dunkel gefleckt, grauer Schwanz mit schwarzem Abschlussband ▲. Der Hahn hat eine schwarze Kehle und sträubt oft die verlängerten Federn auf dem Scheitel ▲. Bewohnt Wälder im Gebirge und Gebirgsvorland mit dichtem Unterholz, besonders aus Haselsträuchern.

HÜHNERARTIGE VÖGEL

Wachtel

Coturnix coturnix, 16-18 cm.
Gelbbraun, oben dunkler mit zahlreichen dunklen und hellen Längsstricheln auf dem Rücken, den Flügeln und den Bauchseiten. Der Hahn hat eine schwarze Kehle und darunter ein weißliches Querband ▲. Lebt in Feldern und auf Wiesen.

Wachtelkönig

Crex crex, 27-30 cm.
Graue Brust ▲ und rotbraun quer gestreifte Bauchseiten. Die rostbraunen Flügel sind besonders auffällig im Flug ▲, bei dem er die Beine frei hängen lässt ▲. Nistet in Wiesen, Klee- und Getreidefeldern.

Zwergtrappe

Tetrax tetrax, 40-45 cm. Der Hahn hat im Hochzeitskleid einen breiten schwarzweißen, teilweise aufstellbaren Kragen am Hals und einen grauen Kopf ▲. Die Flügel sind im Flug hell mit schwarzen Spitzen ▲. Der Hahn ist gefleckt mit weißer Unterseite. Bewohnt Steppen und Getreidefelder.

Triel

Burhinus oedicnemus, 40-44 cm.
Großer Kopf mit großen, gelben Augen ▲, kurzer, starker, gelbschwarzer Schnabel, kräftige gelbe Beine ▲. Im Flug fallen zwei Längsstreifen in den Flügeln auf ▲. Bewohnt weite, offene Landschaften und Felder mit spärlicher Vegetation.

Fischadler

Pandion haliaetus, 55-69 cm.
Unterseite und Kopf sind weiß, über das Auge läuft ein breiter schwarzer Streifen ▲. Im Flugbild lange, abgewinkelte Flügel mit einem schwarzen Fleck in der Beuge ▲. Nistet auf hohen Bäumen an Wasserflächen, wo er im Sturzflug Fische jagt.

Wespenbussard

Pernis apivorus, 52-60 cm. Variable Färbung von ganz hell bis dunkel. Im Flug am besten am schlanken Kopf ▲ und den drei Querstreifen am Schwanz - einem breiten Abschlussstreifen und zwei schmaleren nahe der Schwanzwurzel ▲ – zu erkennen. Nistet an den Rändern lichter Wälder.

Mäusebussard

Buteo buteo, 50-57 cm. Farblich sehr variabel. Kreuzt oft über offenen Flächen in der Nähe von Wäldern. Der Schwanz ist ziemlich dunkel, dicht quer gestreift und mit einem breiteren Schlussstreifen ▲ versehen. Der Beute lauert er von einer erhöhten Warte aus auf.

Raufußbussard

Buteo lagopus, 50-60 cm. Bis zu den Zehen befiederte Beine ▲, sonst dem Mäusebussard ähnlich. Beim Kreuzen sind der weiße Schwanz mit breitem schwarzem Band ▲ und der große schwarze Fleck in der Flügelbeuge ▲ zu erkennen. Nistet in der Tundra, im südlichen Europa regelmäßiger Wintergast.

GREIFVÖGEL

Schwarzer Milan

Milvus migrans, 55-60 cm. Überwiegend dunkelbraun. Der ziemlich lange Schwanz hat nur eine leichte Kerbung ▲, die beim Spreizen fast verschwindet. Nistet meist in bewaldeten Landschaften und Wäldchen inmitten von Feldern, in Wassernähe.

Roter Milan

Milvus milvus, 60-66 cm. Rostbraun mit hellem Kopf. Im Flug sind der tiefe Einschnitt im langen Schwanz ▲ und die großen, weißlichen Flecken auf der Flügelunterseite ▲ zu erkennen. Nistet gewöhnlich in mit freien Flächen durchsetzten Laubwäldern und in Hecken am Feldrain.

Sperber

Accipiter nisus, 28-38 cm. Das Weibchen sieht wie ein kleines Habichtweibchen aus, das Männchen ist unterseits rostbraun quer gewellt ▲. Fliegt nicht sehr hoch über Wald oder Buschwerk und wechselt beim Fliegen zwischen Flügelschlägen und Gleitflugphasen. Nistet in jüngeren Fichtenwäldern.

Habicht

Accipiter gentilis, 48-68 cm. Unterseite der Altvögel weißlich, dicht quer gewellt ▲, Körperoberseite dunkel schieferfarben. Bei den Jungvögeln ist die Körperunterseite bräunlich mit Längsflecken ▲. Im Flug sind der lange Schwanz und die breiten, eher kurzen Flügel typisch. Nistet in Wäldern.

GREIFVÖGEL

Kornweihe

Circus cyaneus, 43-50 cm. Männchen hellgrau mit schwarzen Flügelspitzen ▲, Weibchen braun gefleckt, beide mit weißem Bürzel ▲. Wie andere Weihen fliegt sie langsam und schaukelnd niedrig über dem Erdboden, beim Segeln hält sie die Flügel häufig in V-Form. Nistet in Sümpfen und auf Waldlichtungen.

Wiesenweihe

Circus pygargus, 43-50 cm.
Das Männchen ist von dunklerem Grau mit schwarzen Flügelspitzen, vor denen ein schwarzer Querstreif entlangführt ▲. Der Bauch ist rostbraun längs gefleckt. Das Weibchen ist braun gefleckt. Nistet auf Feuchtwiesen und in Getreidefeldern.

Rohrweihe

Circus aeruginosus, 48-55 cm. Beim Männchen sind der Schwanz ▲ und große Flächen der Flügel grau ▲. Das Weibchen ist dunkelbraun mit gelber Kehle und gelbem Scheitel ▲. Nistet in ausgedehnten Schilfflächen, jagt über Feldern und Wiesen.

Schlangenadler

Circaetus gallicus, 62-67 cm. Großer Kopf ▲ und blaugraue Beine ▲. Die Unterseite ist mitunter weiß, dicht dunkel gefleckt, manchmal ist die Brust dunkel und scharf abgegrenzt vom weißlichen Bauch ▲. Nistet in Wäldern warmer Gebiete, die reich an Schlangen sind.

Seeadler

Haliaeetus albicilla, 77-92 cm. Mächtiger gelber Schnabel ▲, im Flug ist der keilförmige Schwanz charakteristisch ▲, bei den Altvögeln rein weiß ▲, bei den Halbwüchsigen gefleckt, bei den Jungvögeln braun. Lebt an großen Flüssen, Seen und Teichen, baut seinen Horst im Wald auf großen Bäumen.

Gänsegeier

Gyps fulvus, 95-105 cm. Kopf und Hals sind mit zartem Flaum bedeckt. Um den langen Hals trägt er einen weißlichen Federkragen ▲ (bei Jungvögeln bräunlich). Im Flug sticht die schwarze Farbe eines Teils der breiten Flügel vom gelbbraunen Körper ab. Lebt gesellig in den Gebirgen südlicher Länder.

Schmutzgeier

Neophron percnopterus, 60-70 cm. Altvogel weiß mit schwarzen Schwungfedern. Der Kopf ist vorn kahl, gelb, mit schmalem, an der Spitze gebogenem Schnabel ▲. Keilförmiger Schwanz ▲. Die Jungen sind bräunlich. Kreist gern, sitzt häufig auf Gebäuden und Bäumen in der Nähe von Siedlungen.

Bartgeier

Gypaetus barbatus, 100-115 cm. Unterseite rostgelb bis weißlich (Altvögel) oder dunkel (Jungvögel). An den Seiten des gelben bis weißlichen Kopfes fällt ein schwarzer Bart auf ▲. Im Flug sichtbar ist der keilförmige Schwanz ▲. Brütet in felsigen Gebirgsgegenden.

GREIFVÖGEL

Schreiadler

Aquila pomarina, 57-64 cm. Ganz braun, ältere Vögel sind heller. Das Flugbild ist adlertypisch mit breiten Flügeln und fingerförmig gespreizten Handschwingen ▲. Kreist gern, läuft auf der Nahrungssuche oft über den Boden. Nistet in von Wiesen und Feldern durchsetzten Wäldern.

Kaiseradler

Aquila heliaca, 75-84 cm. Altvögel mit gelblichem bis weißlichem Scheitel und Nacken, weißem Fleck an den Schulterblättern ▲, und schwarzem Saum am Schwanz. Jungvögel semmelgelb, gefleckt. Mit dem Alter nimmt die dunkelbraune Farbe zu. Horstet auf hohen Bäumen in Laubwäldern, selten auf Felsen.

Steinadler

Aquila chrysaetos, 76-89 cm. Altvögel mit goldgelbem Gefieder im Nacken und am Hals ▲. Jungvögel dunkler, mit weißem Schwanz und schwarzem Band am Ende ▲. An der Flügelunterseite sitzt ein weißlicher Fleck ▲. Brütet auf Felswänden der Gebirge und in Wäldern auf hohen Bäumen.

Habichtsadler

Hieraaetus fasciatus, 70-74 cm. Altvögel mit weißer Bauchseite und groben Längsflecken ▲. Im Flug ist ein breiter dunkler Saum an der Schwingenwurzel zu sehen ▲, am Schwanz ein schwarzer Abschlusssaum. Jungvögel mit rostfarbenem Kopf und Unterseite. Nistet in Halbwüsten und Steppen mit Bäumen.

GREIFVÖGEL

Zwergadler

Hieraaetus pennatus, 45-50 cm. Kommt in zwei Farbphasen vor – hell mit dunklen Flügeln und heller Unterseite (unten im Flug) und dunkel mit dunkelbraunem Bauch (oben). Fliegt gewandt auch zwischen Bäumen. Brütet in Laub- und Mischwäldern mit hochstämmigem Baumbestand.

Rötelfalke

Falco naumanni, 29-32 cm. Das Männchen hat einen rotbraunen, ungefleckten Rücken, einen grauen Kopf und Schwanz, letzterer mit schwarzem Saum ▲. Das Weibchen ist dunkel quer gestreift ▲. Lebt oft gesellig in Baumgruppen, Alleen in Wiesen und Weiden sowie in menschlichen Siedlungen.

Turmfalke

Falco tinnunculus, 33-39 cm. Ähnelt dem Rötelfalken, das Männchen hat jedoch auf dem Rücken dunkle Flecken ▲. Das Weibchen sieht genauso aus. Beim Ausschauhalten nach Beute flattert er oft auf der Stelle. Nistet am Waldrand, in Hecken am Feldrain und in Städten.

Rotfußfalke

Falco vespertinus, 28-31 cm. Männchen grauschwarz mit rostroten Deckfedern unter dem Schwanz und roten Beinen ▲. Das Weibchen hat einen gewellten Rücken ▲, einen rot-gelben Bauch, Scheitel und Nacken ▲. Brütet meist gesellig in ebenem Gelände mit Baumgruppen.

GREIFVÖGEL

Merlin

Falco columbarius, 25-30 cm.
Das Männchen hat einen graublauen Rücken ▲ und einen Schwanz mit schwarzem Abschlussband ▲. Das Weibchen ist oberseits dunkelbraun mit quer gebändertem Schwanz ▲. Brütet in Tundra und Taiga, überwintert in offenen Landschaften des Südens.

Baumfalke

Falco subbuteo, 28-35 cm. Hat auf den weißen Wangen einen schwarzen Bart ▲, an den Beinen rostrote 'Hosen' ▲. Im Flug erinnert er mit den sichelförmigen Flügeln an den Alpensegler (*Apus melba*, S. 54). Fliegt sehr schnell. Nistet in lichten Wäldern und Hecken an Feldrainen, jagt oft am Wasser.

Würgfalke

Falco cherrug, 48-57 cm. Weißlicher Kopf ▲, schmaler, undeutlicher Bart. Unterseite längs gefleckt ▲. Jagt im Flug und greift im Unterschied zum Wanderfalken auch Tiere auf dem Boden an. Brütet in Laub- und Mischwäldern, die von Feldern und Wiesen umgeben sind.

Wanderfalke

Falco peregrinus, 39-50 cm.
Der Altvogel ist schiefergrau, mit einem breiten, dunklen Bart auf den Wangen ▲. Unterseite quer gestreift. Die Jungvögel sind bräunlich, unten längs gefleckt ▲. Brütet auf Felsen, seltener auf hohen Bäumen.

EULEN

Schleiereule

Tyto alba, 33-39 cm. Von unten gesehen weiß bis rotgelb, dunkel getüpfelt ▲. Charakteristisch ist der weißliche, herzförmige 'Schleier' um die Augen ▲. Fliegt erst bei völliger Dunkelheit. Brütet in Kirchtürmen, auf Dachböden und in Scheunen, aber auch in hohlen Bäumen.

Zwergohreule

Otus scops, 19-23 cm. Kommt in den Grundfarben grau (rechts) oder braun (links) vor. Auf dem Kopf sitzen kleine Feder-'Öhrchen' ▲, mitunter anliegend, sodass sie dem Kopf ein kantiges Aussehen verleihen. Lebt in alten Gärten, Baumreihen und lichten Hainen.

Uhu

Bubo bubo, 60-75 cm. Hat auf dem Kopf charakteristische lange Federschweife ▲ und große, orangefarbene Augen ▲. Die Gesamtfärbung ist rostbraun mit zahlreichen Flecken. Verbirgt sich tagsüber in Felsen oder alten Bäumen, fliegt abends zur Jagd aus.

Schneeeule

Nyctea scandiaca, 55-65 cm. Das Männchen ist reinweiß ▲ oder nur mit spärlichen dunklen Flecken, das Weibchen weiß mit dunklen Querstreifen. Die großen Augen sind gelb ▲. Nistet in der arktischen Tundra, bei ausnahmsweisen Flügen in den Süden hält sie sich stets in offenem Terrain auf.

Waldkauz

Strix aluco, 37-39 cm. Gedrungene Eule mit großem Kopf ▲, dunklen Augen und nicht sehr langem Schwanz. Tritt in zwei Farbvarianten auf: braun ▲ und grau. Lebt in Wäldern aller Art. Höhlenbrüter.

Habichtskauz

Strix uralensis, 58-62 cm. Größer als der Waldkauz, der sichtbar längere Schwanz ▲ ist vor allem im Flug auffallend. Die Unterseite ist sehr hell mit dunklen Längsstreifen ▲. Lebt im Norden in Nadel- und Mischwäldern, weiter südlich hauptsächlich in Buchenwäldern im Bergland.

Bartkauz

Strix nebulosa, 64-70 cm. Großer Kopf, im Gesicht mit konzentrischen Kreisen um die kleinen, gelben Augen ▲. Die Sperbereule (*Surnia ulula*, 36-41 cm, rechts) hat eine dicht quer gewellte Unterseite ▲ und ein weißes, schwarz gesäumtes Gesicht ▲. Beide sind nördliche Eulen.

Sperlingskauz

Glaucidium passerinum, 16-18 cm. Kleinste europäische Eule, oben dunkelbraun mit weißlichen Flecken, unten grauweiß mit schwärzlichen Längsflecken. Zuckt häufig mit dem Schwanz ▲. Brütet in Buntspechthöhlen in alten Nadel- oder Mischwäldern.

EULEN

Steinkauz

Athene noctua, 21-23 cm. Großer, flacher Kopf und gelbe, weit auseinander stehende Augen ▲. Die Unterseite ist weißlich mit dunkelbraunen Längsflecken ▲. Fliegt in tiefen Wellen, bei Störung knickst er oft. Nistet in Baumhöhlen und Gebäuden.

Raufußkauz

Aegolius funereus, 24-26 cm. Die schwarz umrahmten Augen stehen dicht beieinander und bilden mit dem Schnabel ein gleichseitiges Dreieck ▲, die Beine sind dicht befiedert. Gerader Flug. Jungvögel einfarbig braun mit weißer, x-förmiger Gesichtszeichnung ▲. Nistet in Waldgebieten.

Waldohreule

Asio otus, 35-37 cm. Lange Federohren auf dem Kopf ▲. Die weißen Federn des Schleiers zwischen den orange Augen bilden eine x-förmige Zeichnung ▲. Im Flug lange, schlanke Flügel. Brütet in verlassenen Nestern an Waldrändern, in Feldhainen und im Uferbewuchs von Fließgewässern.

Sumpfohreule

Asio flammeus, 35-37 cm. Ähnelt der Waldohreule, jedoch mit schwarzer Färbung um die gelben Augen herum und kleinen, kaum erkennbaren Ohren ▲. Nistet hauptsächlich in Sümpfen und auf Wiesen, tritt auch im Winter nur in der offenen Landschaft auf, gewöhnlich in kleinen Schwärmen.

TAUBEN

Hohltaube

Columba oenas, 32-34 cm. Blaugrau mit rötlicher Brust. Über die Flügel ziehen sich zwei schwarze Bänder, die auch im Flug sichtbar sind ▲. Der Bürzel ist grau. Nistet in alten Laubholzbeständen.

Ringeltaube

Columba palumbus, 40-42 cm. Weiße Flecken an den Halsseiten ▲ und weiße Felder in den Flügeln ▲, im Flug gut erkennbar. In der Balz fliegt sie auf und schlägt am höchsten Punkt mit den Flügeln, bevor sie wieder zu Boden gleitet. Brütet in Wäldern, Grünflächen und Parks.

Turteltaube

Streptopelia turtur, 26-28 cm. Rücken und Flügel rostbaun gefleckt, weiß und schwarz gestreifte Felder an den Halsseiten ▲. Im Flug ist der schmale weiße Schwanzsaum zu sehen ▲. Nistet in Gebüschen am Waldrand, an Fließgewässern und im Grünland.

Türkentaube

Streptopelia decaocto, 31-33 cm. Grau, mit kleinem, schwarzem Kragen im Nacken ▲. Auf dem dunklen Schwanz ist von unten ein breiter weißer Saum zu sehen ▲. Fliegt in der Balz ähnlich auf wie die Ringeltaube. Nistet in Gärten und Parks von Städten und Dörfern.

TAUBEN

Straßentaube

Columba livia, 31-34 cm. Die Flügelbänder ▲ sind auffälliger als bei der Hohltaube, im Flug ist sie am weißen Bürzel gut zu erkennen ▲. Lebt in Westeuropa an Felsenküsten, am Mittelmeer auf Felsen, in Wüsten und Halbwüsten.

Spießflughuhn

Pterocles alchata, 31-39 cm. Oberseits sandfarben, dunkel gefleckt und gestreift. Über das Auge zieht sich ein schwarzes Band ▲, zwei schwarze Querbänder sind auch auf der ockerbraunen Brust ▲. Im Flug fallen der lange, spitze Schwanz und der weiße Bauch auf ▲. Lebt in Steppen und Halbwüsten.

Kuckuck

Cuculus canorus, 32-34 cm. Das Männchen ist grau, am Bauch dicht quer gestreift ▲, das Weibchen ist am Kropf und an den Halsseiten bräunlich ▲, selten ganz rostbraun. Lebt in Wäldern und in der offenen Landschaft, legt die Eier in die Nester Insekten fressender Singvögel.

Nachtschwalbe

Caprimulgus europaeus, 26-28 cm. Großer, flacher Kopf ▲, große Augen (nachtaktiv), kurze Beine. Sitzt tagsüber am Boden oder auf Ästen, stets in Längsrichtung. Im Flug weiße Flecken am Schwanzende und auf den Flügelspitzen ▲. Lebt in lichten Wäldern, auf Weiden und Heideflächen.

SCHWALBENARTIGE VÖGEL

Alpensegler

Apus melba, 20-22 cm. Oberseits dunkelgraubraun, unten weiß mit braunem Querband über der Brust ▲. Fliegt in Schwärmen um Felsen und hohe Gebäude, in denen er nistet. Alle Zehen der kurzen Beine zeigen nach vorn ▲ ('Hängebeine').

Mauersegler

Apus apus, 16-17 cm. Schwarz mit heller Kehle ▲. Lange, sichelförmige Flügel. Wie alle Segler verbringt er fast sein ganzes Leben in der Luft. Nistet unter den Dächern von Häusern und Türmen, in Felsspalten, die er mit lauten Schreien gruppenweise umfliegt.

Fahlsegler

Apus pallidus, 16-17 cm. Dem Mauersegler sehr ähnlich, überwiegend braun mit gefleckten Seiten. Die Flügelunterseite ist im Flug jedoch sehr viel heller als beim Mauersegler, der Umfang des weißen Kehlflecks ist größer ▲. Brütet überwiegend an Gebäuden.

Rauchschwalbe

Hirundo rustica, 19-22 cm. Rostbraune Kehle und Stirn ▲, blauschwarze Körperoberseite, weiße Unterseite, tief ausgeschnittener Gabelschwanz ▲. Nistet im Innern von Gebäuden, wo sie ein oben offenes Nest aus Lehm baut. Nach der Brut übernachtet sie in großen Gemeinschaften im Schilf.

Hausschwalbe

Delichon urbica, 12-13 cm. Körperunterseite weiß ▲, Oberseite blauschwarz bis auf den weißen Bürzel ▲. Kurzer, nicht sehr tief ausgeschnittener Schwanz, der im Flug am besten erkennbar ist. Nistet gewöhnlich in Kolonien an Außenmauern von Gebäuden, in das Lehmnest führt nur eine kleine Öffnung.

Uferschwalbe

Riparia riparia, etwa 12 cm. Oberseits braun, die weiße Unterseite unterbricht ein braunes Querband auf dem Kropf ▲. Der Schwanz ist kurz, leicht eingekerbt. Nistet gesellig in senkrechten Sand- oder Lehmsteilufern von Flüssen und in Kiesgruben, in die sie lange Höhlen gräbt.

SCHWALBENARTIGE VÖGEL

Felsenschwalbe

Ptyonoprogne rupestris, 14-15 cm. Oberseite graubraun, Unterseite schmutzig weiß. Die weißen Flecken vor dem Schwanzende ▲ sind im Flug am besten zu erkennen. Nistet in Felsenwänden, baut das Nest aus Lehmkügelchen unter Überhängen, in Spalten und Hohlräumen.

Rötelschwalbe

Hirundo daurica, 16-18 cm. Körperoberseite blauschwarz, Bürzel und Nackenband rostgelb ▲, Unterseite bräunlich. Der dunkle Schwanz ist tief eingeschnitten ▲. Das völlig geschlossene Lehmnest hat einen röhrenförmigen Eingang ▲, die Vögel bauen es an Felsen und Gebäuden.

AN BÄUMEN KLETTERNDE VÖGEL

Buntspecht

Dendrocopos major, 23-24 cm. Schwarzweiß mit leuchtendem Rot unter dem Schwanz. Das Männchen hat einen roten Hinterkopf ▲, das Weibchen einen schwarzen ▲. Ein kräftiger schwarzer Bartstreifen reicht ohne Unterbrechung bis in den Nacken. Lebt in Wäldern, Parks und Gärten.

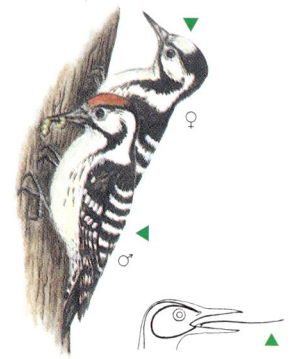

Kleinspecht

Dendrocopos minor, 14-15 cm. Dicht gestreift ▲, Männchen mit rotem, Weibchen mit weißlichem Scheitel ▲. Klettert selten die Stämme hoch, bewegt sich eher in den Zweigen wie die Meisen. Lebt in Laub- und Mischwäldern, Gärten und Parks. Kann wie alle Spechte die Zunge weit herausstrecken ▲.

Mittelspecht

Dendrocopos medius, 20-22 cm. Beide Geschlechter mit rotem Scheitel ▲. Längsstreifen an Unterseite und Flanken ▲. Nistet in Laub-, gelegentlich auch in Mischwäldern. Der Fuß hat wie bei allen Klettervögeln zwei nach vorn zeigende und zwei rückwärts gewandte Zehen ▲.

Weißrückenspecht

Dendrocopos leucotos, 24-26 cm. Männchen mit rotem ▲, Weibchen mit schwarzem Käppchen ▲. Der vordere Teil des Hinterleibs ist weiß, der weiße Schulterfleck fehlt ▲. Helles Rot unter dem Schwanz, Flanken längs gefleckt. Nistet in alten Laub- oder Mischwäldern mit morschen Bäumen.

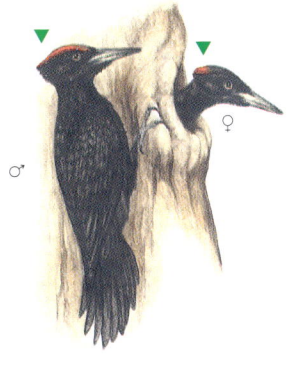

Schwarzspecht

Dryocopus martius, 45-47 cm. Ganz schwarz, Männchen mit rotem Käppchen auf dem Scheitel ▲, Weibchen mit rotem Fleck im Nacken ▲. Fliegt gerade, nicht wellenförmig wie die anderen Klettervögel. Bewohnt alte Nadel- und Laubwälder. Ruft im Flug "kri kri kri", im Sitzen klagend "klije".

Dreizehenspecht

Picoides tridactylus, 21-22 cm. Weißer Hinterleib und Bauch, breite schwarze und weiße Streifen an den Kopfseiten. Beim Männchen ist der Scheitel vorne gelb ▲, beim Weibchen grau ▲. Nistet in alten Nadel- und Mischwäldern im Gebirge mit trockenen und abgestorbenen Bäumen.

Grauspecht

Picus canus, 25-26 cm. Graugrün, der Scheitel beim Männchen ist vorne rot ▲, der schwarze Bart schmal. Beim Weibchen ist der Scheitel grau ▲. Der Grauspecht ist stärker an Laubwälder gebunden als der Grünspecht; er bewohnt auch Hecken, Parks und Gärten.

Grünspecht

Picus viridis, 32 cm. Olivgrün. Kopf vom Scheitel bis zum Nacken rot, das Männchen hat einen breiten, rotschwarzen Bart ▲, das Weibchen einen schwarzen ▲. Bewohnt Parks, Gärten und lichte Wälder mit altem Baumbestand. Ernährt sich meist von Ameisen, deren unterirdische Nester er zerstört.

AN BÄUMEN KLETTERNDE VÖGEL

AN BÄUMEN KLETTERNDE VÖGEL

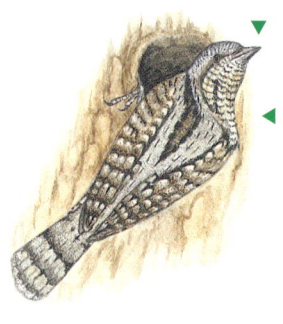

Wendehals

Jynx torquilla, 16-17 cm. Klettert nur ausnahmsweise. Kurzer Schnabel ▲. Das Gefieder erinnert in der Färbung an Baumrinde ▲. Macht mit ausdauerndem "jijiji" auf sich aufmerksam. Bewohnt offene Landschaften mit Wäldchen, Parks, Gärten und lichte Wälder, wo er in Baumhöhlen brütet.

Kleiber

Sitta europaea, etwa 14 cm. Über das Auge läuft ein schwarzes Band ▲. Klettert gewandt an Stämmen, auch kopfunter. Nistet in Wäldern, Parks, Gärten und Alleen. Das Einflugloch zur Nisthöhle vermauert er mit Lehm ▲, das Nest selbst besteht vorwiegend aus Schuppen von Kiefernrinde.

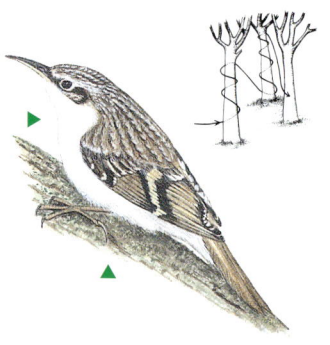

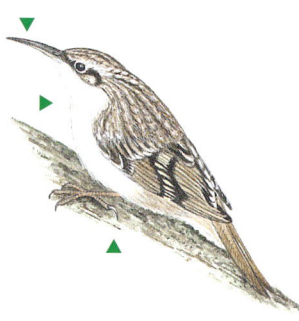

Waldbaumläufer

Certhia familiaris, 12-13 cm. Unterseite weiß ▲. Die Kralle der Hinterzehe ist länger als die Zehe selbst ▲. Vom Fuß des Baumes klettert er spiralförmig aufwärts und fliegt dann zur Wurzel des nächsten Baumes. Bevorzugt Nadelwälder, lebt aber auch in Misch- und Laubwäldern.

Gartenbaumläufer

Certhia brachydactyla, 12-13 cm. Gräuliche Unterseite und bräunliche Flanken ▲, längerer und stärker gebogener Schnabel ▲ als der Waldbaumläufer, kurze Kralle an der Hinterzehe ▲. Nistet in Baumritzen oder hinter abstehender Borke in Laub-und Mischwäldern, alten Parks und Alleen.

Kiebitz

Vanellus vanellus, 28-31 cm.
Körperoberseite schwarz mit metallisch grünem Glanz, schwarze Kehle und schwarzes Band über der Brust ▲. Aufstellbarer Schopf ▲. Auffällig im Flugbild sind die breiten, am Ende abgerundeten Schwingen ▲. Bewohnt Feuchtwiesen, Moraste und Felder.

Kampfläufer

Philomachus pugnax, 20-32 cm.
Im Brutkleid hat das Männchen einen aufstellbaren Kragen am Hals ▲, im Ruhekleid (oben) sind die Vögel bräunlich mit dunklen Flecken. Nistet in Moor- und Feuchtwiesen, hält sich auf dem Zug in Sümpfen und an seichten Stellen von Teichen und Seen auf.

Wiedehopf

Upupa epops, 26-28 cm.
Orangebraun, Flügel und Schwanz schwarzweiß gestreift ▲. Der fächerförmig spreizbare Schopf hat schwarze Federspitzen ▲. Der Schnabel ist dünn und leicht gebogen ▲. Lebt in offener Landschaft mit Baumgruppen, in lichten Hainen.

Häherkuckuck

Clamator glandarius, 38-40 cm.
Hellgrauer Schopf ▲ und langer, abgestufter Schwanz ▲. Oberseits dunkel, weiß gefleckt, unterseits weißlich. Die Jungvögel haben bronzebraune Schwungfedern. Lebt in offener Landschaft, legt die Eier in die Nester von Krähenvögeln.

VÖGEL MIT SCHOPF ODER ANDEREM FEDERSCHMUCK

VÖGEL MIT SCHOPF ODER ANDEREM FEDERSCHMUCK

Haubenlerche

Galerida cristata, etwa 17 cm.
Trägt auf dem Scheitel einen langen, spitzen Schopf ▲. Der kurze Schwanz hat hellbraune Konturfedern. Bewohnt offene Flächen mit spärlichem Pflanzenbewuchs wie Schutthalden, Baustellen oder Übungsplätze.

Ohrenlerche

Eremophila alpestris, 15-17 cm. Der Kopf ist gelblich oder weißlich mit schwarzer Zeichnung. Das Männchen hat auf dem Kopf kurze Federhörnchen ▲, die beim Weibchen und bei den Jungvögeln ▲ nur angedeutet sind. Im Norden nistet sie in der baumlosen Tundra, südlicher an steinigen Berghängen.

Seidenschwanz

Bombycilla garrulus, etwa 18 cm.
Schopf rötlich ▲, Kehle und Augenstreif schwarz, Schwungfedern und Schwanzende mit gelbem Saum ▲. An den Spitzen der Schwung- und der Konturfedern sind rote Schildchen ▲. Nistet in nördlichen Wäldern, fliegt im Winter schwarmweise nach Mitteleuropa ein.

Haubenmeise

Parus cristatus, 11-12 cm.
Charakteristisch sind der spitze Schopf auf dem Scheitel ▲, die weißen Wangen mit schwarzer Zeichnung und das schwarze Kinn ▲. Ist ein Bewohner von Nadel-, meist aber Mischwäldern, wo sie mit einem klirrenden "gyrrrr" auf sich aufmerksam macht.

Kurzzehenlerche

Calandrella brachydactyla, etwa 14 cm. Dunkel gestreifte Körperoberseite, Brust weißlich, ungefleckt ▲. Der schwarze Fleck auf dem Hals ist nur manchmal zu sehen, beim Weibchen fehlt er ganz. Nistet in Trockensteppen, in Halbwüsten und auf offenen Feldern.

Heidelerche

Lullula arborea, etwa 15 cm. Von der Feldlerche unterscheidet sie sich durch den hellen Überaugenstreif ▲ und den schwarzweißen Fleck am Flügelrand ▲. Die äußeren Konturfedern des kurzen Schwanzes haben weiße Spitzen ▲. Bewohnt trockene Wälder und Lichtungen, Heideland und Weingärten.

Feldlerche

Alauda arvensis, 18-19 cm.
Die Federn auf dem Scheitel sind etwas verlängert ▲. Beim Singen schwingt sie sich in die Höhe, wo sie im Flatterflug verharrt (dann kann man die weißen äußeren Schwanzfedern sehen) und lässt sich danach herabfallen. Lebt auf Wiesen, Feldern und Weiden.

Zaunkönig

Troglodytes troglodytes, etwa 9,5 cm. Typisch sind der kurze, aufgestellte Schwanz ▲ und die häufigen Verbeugungen. Lebt im dichten Unterholz von Wäldern aller Art, in alten Parks und auch an Wasserläufen, wo er sich ein großes, rundes Nest mit seitlichem Eingang baut.

KLEINE LERCHENÄHNLICHE VÖGEL

KLEINE LERCHENÄHNLICHE VÖGEL

Brachpieper

Anthus campestris, 15-17 cm.
Oberseite sandbraun, wenig gefleckt.
Heller Überaugenstreif ▲. Bewegt
sich ausschließlich am Boden, nimmt
häufig eine aufrechte Position ein.
Das Männchen singt während des
wellenförmigen Fluges. Lebt in
Steppen, Brachäckern und Feldern.

Baumpieper

Anthus trivialis, etwa 15 cm.
Braun gefleckt ▲. Beim Singen im Flug
steigt das Männchen vom Baum aus
empor und lässt sich dann mit ausgebreiteten Flügeln und gespreiztem
Schwanz spiralförmig auf die Wipfel
eines Baumes sinken. Lebt in Wäldern.

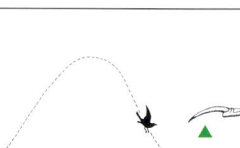

Wiesenpieper

Anthus pratensis, 14-15 cm. Deutlich
gefleckte Brust ▲. Bewohnt Feuchtwiesen, Torfmoore, Heideflächen. Das
Männchen fliegt beim Singen empor und
sinkt dann auf eine erhöhte Stelle am
Boden oder einen Strauch zurück. Die
Kralle der Hinterzehe ist leicht gebogen
und ebenso lang wie die Zehe ▲.

Wasserpieper

Anthus spinoletta, etwa 16 cm.
Leicht rosa gefärbte Brust (Männchen ▲)
und weiße Schwanzkonturfedern, Zug-
vogel. Nistet auf Bergwiesen. Der Strand-
pieper (*Anthus petrosus*, oben) ist an der
Unterseite gefleckt ▲ mit gräulichen
Schwanzfedern. Lebt an felsigen Küsten.
Teilziehend.

Feldschwirl

Locustella naevia, etwa 13 cm. Oberseite grünbraun, dunkel längs gefleckt ▲. Feine Flecken an den Kehlseiten. Bewohnt Feuchtwiesen mit eingestreuten Büschen, Tümpelränder, Flussufer und verwilderte Waldweiden. Der Gesang ist ein ununterbrochenes Zirpen: "sirrrr".

Mariskensänger

Acrocephalus melanopogon, 12-13 cm. Dunkelbraun und schwarz gestreifter Scheitel, ausgeprägter weißer Überaugenstreif ▲, leicht rostfarbene Brustseiten ▲. Oberseite braun, dunkel gefleckt. Bewohnt Schilfflächen und Röhrichte.

Schilfrohrsänger

Acrocephalus schoenobaenus, etwa 13 cm. Über den Scheitel zieht sich ein Band aus ockerfarbenen Flecken ▲. Lebt in größeren Schilf- und Riedgrasflächen und buschbestandenen Feuchtwiesen. Der Seggenrohrsänger (*Acrocephalus paludicola*, links ▲) hat auf dem Scheitel einen breiten gelbweißen Streifen.

Cistensänger

Cisticola juncidis, etwa 10 cm. Oberseite und Scheitel längs gestreift ▲. Typisch die schwarzweißen Federspitzen des kurzen, abgerundeten Schwanzes ▲. Der Gesang wird in wellenförmigem Kreisflug vorgetragen. Nistet in Sumpfvegetation und Gestrüpp, Getreide- und Reisfeldern.

KLEINE LERCHENÄHNLICHE VÖGEL

KLEINE BLAUE UND BLAUGRAUE VÖGEL

Heckenbraunelle

Prunella modularis, 14-15 cm.
Blaugrauer Kopf und blaugraue Brust , braun gefleckte Flügel und Hinterleib. Bewegt sich meist am Boden, doch im Frühling lässt das Männchen seinen Gesang oft von der Spitze eines Nadelbaums erschallen. Lebt versteckt im Unterholz.

Alpenbraunelle

Prunella collaris, etwa 18 cm.
Die Kehle ist weiß, schwarz gestrichelt , an den Flanken sitzen rostbraune Flecken , am Ende der Schwanzfedern weiße. Auf dem Boden bewegt sie sich hüpfend, wie geduckt. Nistet an steinigen Hängen und felsigen Berggipfeln.

Blaukehlchen

Luscinia svecica, etwa 14 cm.
Beim Männchen ist der blaue Brustlatz mit weißem  oder rostfarbenem Mittelfleck typisch. Das Weibchen hat eine von schwarzen Flecken begrenzte Kehle . Bewohnt die nördliche Tundra, weiter südlich Sumpfgebiete mit Schilf, Riedgras und Gebüsch.

Blaumeise

Parus coeruleus, 11-12 cm.
Charakteristisch sind das azurblaue Käppchen (beim Jungvogel blass, Detail) und der gelbe Bauch. Die Wangen sind gelb, dunkel umrandet. Lebt in Laub- und Mischwäldern, im verstreuten Grünland, in Gärten und Parks.

Steinrötel

Monticola saxatilis, etwa 19 cm. Das Männchen hat im Hochzeitskleid einen graublauen Kopf ▲, Brust und Bauch sind rostrot ▲. Nach der Mauser ähnelt es dem Weibchen. Beide haben einen rostroten Schwanz ▲. Nistet an steinigen Berghängen, an Felswänden, in Steinbrüchen und Ruinen.

Blaumerle

Monticola solitarius, 20-21 cm. Das Männchen ist gänzlich schiefer- bis schlehenblau ▲ mit dunkleren Flügeln, das Weibchen ist dunkler als bei der nebenstehenden Art, mit dunkelbraunem Schwanz ▲. Nistet in trockenen Felsgebieten vom Gebirge bis zur Küste.

KLEINE BLAUE UND BLAUGRAUE VÖGEL

Eisvogel

Alcedo atthis, 16-17 cm. Großer Kopf mit langem, geradem Schnabel ▲, kurzer Hals und sehr kurze Beine. Fliegt flach über dem Wasserspiegel. Sitzt gewöhnlich etwas erhöht über dem Wasser, von wo aus er im Sturzflug Fische jagt. Lebt an Flüssen und Bächen, nistet in selbst gegrabenen Erdhöhlen.

Bienenfresser

Merops apiaster, 27-29 cm. Blaugrüne Unterseite, gelbe Kehle, brauner und gelber Hinterleib. Der Schnabel ist lang und leicht gebogen ▲, die mittleren Schwanzfedern sind verlängert ▲. Lebt in halb offenen Landschaften, bildet Brutkolonien, gräbt seine Nisthöhlen in Sand- oder Lehmwände.

KLEINE GRAUBRAUNE UND BRAUNE VÖGEL

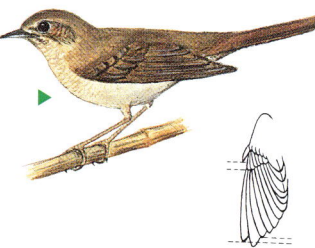

Nachtigall

Luscinia megarhynchos, 16-17 cm.
Oberseite braun mit rostbraunem
Bürzel und Schwanz ▲. Aus der Nähe
erkennt man sie an den langen Schwingen. Bewohnt lichte Laubwälder,
Baum- und Strauchgürtel mit dichtem
Unterholz auch auf trockenem Terrain,
verwilderte Parks und Gärten.

Sprosser

Luscinia luscinia, 16-17 cm.
Sehr ähnlich der Nachtigall, der Schwanz
ist jedoch braun und auf der Brust sind
undeutliche graubraune Flecken ▲.
In seinem Gesang fehlt das für die
Nachtigall so typische "Schlagen".
Lebt in feuchten Laubwäldern und
dichtem Bewuchs am Wasser.

Rohrschwirl

Locustella luscinioides, etwa 14 cm.
Oberseite braun, an Kehle und Bauch
weißlich ▲. Wie alle Schwirle hat er
einen gestuften, am Ende abgerundeten Schwanz ▲. Der Gesang ist ein
langes, monotones Schnarren. Seine
Domäne sind alte Schilfflächen.

Schlagschwirl

Locustella fluviatilis, 13-14 cm.
Dunkle Längsstrichelung an der Kehle
▲. Sein Zirpen klingt wie ein ständig
wiederholtes "dsedsedse". Bewohnt
Dickichte entlang der Gewässer, das
dichte Unterholz von Auwäldern und
Feuchtwiesen mit Gebüsch.

Seidensänger

Cettia cetti, etwa 14 cm.
Oberseits dunkel kastanienbraun ▲ mit hellem Überaugenstreif. Der abgerundete Schwanz wippt häufig. Nistet sehr versteckt in Sumpfvegetation und dichtem Gestrüpp an Gewässern und auch in zugewachsenen Gräben.

Teichrohrsänger

Acrocephalus scirpaceus, 12-13 cm.
Brauner Rücken mit rostfarbenem Bürzel. Dunkle Beine ▲, heller Streifen über dem Auge. Im Gesang ständig durchgehaltene Taktstrophen, die mit "schtyrschi, schtyrschi - tschi, tschi, tschi" beschrieben werden können. Bewohnt Schilfflächen und Röhrichte.

Sumpfrohrsänger

Acrocephalus palustris, 12-13 cm.
Dem Teichrohrsänger ähnlich, der Bürzel ist jedoch nicht rostbraun und die Beine sind fleischfarben ▲. Lebt im Uferbewuchs von Gewässern, in Hecken und Strauchgürteln, Rüben- und Getreidefeldern. Aus der Nähe unterscheidet man beide Arten nach der Flügelformel.

Drosselrohrsänger

Acrocephalus arundinaceus, etwa 19 cm.
Oberseite braun, über das Auge zieht sich ein heller Streif ▲. Sein Lebensraum sind Schilf- und Riedgrasdickichte mit konstantem Wasserstand. Befestigt das tiefe Nest ▲ an mehreren Stängeln (ähnlich wie der Teichrohrsänger).

KLEINE GRAUBRAUNE UND BRAUNE VÖGEL

Gartengrasmücke

Sylvia borin, etwa 14 cm.
Unauffällig graubraun mit hellerer Unterseite ▲, Schwung- und Konturfedern dunkler. Besiedelt strauchbestandene Ränder und Lichtungen von Laub- und Mischwäldern, den Uferbewuchs an Flüssen und Bächen, aber auch verwilderte Parks, Friedhöfe und Gärten.

Dorngrasmücke

Sylvia communis, etwa 14 cm.
Grauer Kopf mit weißer Kehle, Männchen mit weißlicher, leicht rosa angehauchter Unterseite. Schwingen rostbraun ▲, Schwanz weiß gesäumt. Beim Singen erhebt sie sich oft in die Luft. Bewohnt Gebüsch an Waldrändern und in Wiesen, Parks und Gärten.

Zaungrasmücke

Sylvia curruca, 13-14 cm. Am aschgrauen Kopf sind das dunkle Gesicht ▲ und die fast weiße Kehle ▲ deutlich erkennbar. Äußere Schwanzfedern weiß, Beine graublau. Lebt in der offenen Landschaft mit verstreuten Grünflächen, an Waldrändern sowie in Parks und Gärten.

Grauschnäpper

Muscicapa striata, etwa 14 cm. Dunkle Strichelung auf der Brust ▲ und auf dem Scheitel ▲. Sitzt gewöhnlich in aufrechter Haltung auf trockenen Zweigen, Drähten oder Pfosten, von wo aus er Insekten im Flug fängt. Nistet an Waldrändern, in Parks, Gärten, aber auch in Dörfern.

KLEINE GRAUBRAUNE UND BRAUNE VÖGEL

Weißbartgrasmücke

Sylvia cantillans, etwa 12 cm.
Brust und Kehle sind orangebraun, vom Schnabel zieht sich ein weißer Bart zum Genick ▲. Um das Auge liegt ein roter (Männchen) oder gelbbrauner (Weibchen) Ring ▲. Bewohnt trockene, buschbestandene Hänge und Weiden im Mittelmeerraum.

Brillengrasmücke

Sylvia conspicillata, etwa 12 cm.
Ähnelt der Dorngrasmücke, ist jedoch kleiner, mit kürzerem Schwanz, dunklerem Kopf ▲ und rötlicherer Brust. Das Weibchen ist heller. Lebt am Mittelmeer in Gebieten mit niedrigem Gestrüpp oder hohen Kräutern.

Provencegrasmücke

Sylvia undata, etwa 13 cm.
Auffallend langer, weiß gesäumter Schwanz, oft aufgestellt ▲. Das Männchen hat eine rostbraune Unterseite und weiß getüpfelte Kehle ▲, das Weibchen und die Jungvögel (rechts) sind heller. Nistet im dichten Buschwerk und Gestrüpp in Südeuropa.

Heckensänger

Cercotrichas galactotes, 15-16 cm.
Oberseits rostbraun mit weißem Überaugenstreif. Der lange Schwanz mit weißem und schwarzem Abschluss-Saum ▲ wird oft fächerförmig gespreizt und aufgestellt. Bewohnt halb offene, trockene Gebiete mit Buschwerk am Mittelmeer.

KLEINE GELBGRÜNE VÖGEL

Gelbspötter

Hippolais icterina, etwa 13 cm.
Körperunterseite und Überaugenstreif hellgelb ▲. Beine bläulich grau ▲. In der Erregung sträubt er die Federn auf dem Scheitel. Bewohnt lichte Laubwälder mit Buschwerk, zugewucherte Gewässerufer, Parks und Gärten. Ahmt die Stimmen anderer Vögel nach.

Orpheusspötter

Hippolais polyglotta, etwa 13 cm.
Färbung wie bei nebenstehender Art, die Unterseite jedoch stärker gelb und die Beine eher braun ▲. Lebt auch in der gleichen Umgebung. Alle Spötter haben ein charakteristisches Kopfprofil es ist über dem Schnabel deutlich eingedrückt ▲.

Wintergoldhähnchen

Regulus regulus, etwa 9 cm.
Orange (Männchen) oder gelber (Weibchen) Scheitel, gerahmt von schwarzen Streifen, die auf der Stirn nicht zusammentreffen ▲. Das kugelförmige Nest ist an herabhängenden Zweigen der Seitenäste von Fichten aufgehängt. Bewohnt Nadelwälder.

Sommergoldhähnchen

Regulus ignicapillus, etwa 9 cm.
Scheitel orangerot (Männchen) oder gelb (Weibchen), gesäumt von schwarzen, auf der Stirn zusammentreffenden Streifen ▲. Über das Auge ziehen sich ein weißes und ein schwarzes Band, die Schultern sind leicht bronzefarben. Bewohnt Nadelwälder.

Fitis

Phylloscopus trochilus, 11-12 cm. Kehle, Brust und Überaugenstreif sind gelb ▲, die Beine hell ▲. Lebt in Wäldern aller Art (bevorzugt Jungwald), auch in Buschlandschaften mit Laubbäumen. Das hüttenartige Nest mit seitlichem Eingang sitzt auf der Erde.

Zilpzalp

Phylloscopus collybita, etwa 11 cm. Dem Fitis ähnlich, der Überaugenstreif ist jedoch weniger deutlich ▲. Beine dunkel ▲. Sicher am Gesang zu erkennen, einem ständig wiederholten "zilp zalp zilp zalp". Bei der Bestimmung von Laubsängern sind Anordnung und Länge der Schwungfedern entscheidend.

Berglaubsänger

Phylloscopus bonellii, etwa 11 cm. Ähnelt dem Zilpzalp, hat jedoch einen gelblich grünen Bürzel ▲ und einen cremefarbenen Überaugenstreif. Der zirpende Gesang ähnelt dem des Waldlaubsängers, ist aber langsamer. Lebt in Nadel- und Laubwäldern, oft in Eichenwäldern.

Waldlaubsänger

Phylloscopus sibilatrix, 12-13 cm. Brust ▲, Kehle und Überaugenstreif ▲ sind gelb. Nistet meist in Laubwäldern, im Nest sind niemals Federn. Der im langsamen Horizontalflug vorgetragene Gesang ist eine Reihe von schneller werdenden "sip sip sip", die in zirpendes "sirrrr" münden.

KLEINE GELBGRÜNE VÖGEL

KLEINE GELBGRÜNE VÖGEL

Grünlaubsänger

Phylloscopus trochiloides, etwa 11 cm.
Ähnelt dem Zilpzalp, ist aber oberseits mehr grau als grün ▲ und hat ein schmales Flügelband. Der Gesang ist sehr klangvoll, ähnlich dem Gesang des Zaunkönigs. Bewohnt Wälder aller Arten mit reichem Unterholz.

Grünfink

Carduelis chloris, etwa 15 cm.
Olivgrün. Die Flügelbeugen ▲, ihr unterer Rand und der Schwanzsaum ▲ sind leuchtend gelb. In der Balz fliegt er langsam, "fledermausartig". Lebt in Landschaften mit eingestreuten Grünflächen, an Waldrändern, in Parks, Gärten und auf Friedhöfen.

Zeisig

Carduelis spinus, etwa 12 cm.
Überwiegend gelbgrün, Männchen mit schwarzem Käppchen und Kinn ▲. Dem Weibchen fehlt die schwarze Zeichnung auf dem Kopf. Liebt Gebirgsnadelwälder. Nach der Brutperiode bildet er ständig zwitschernde Schwärme. Beim Nahrungserwerb hängt er auch kopfunter.

Zitronengirlitz

Serinus citrinella, etwa 12 cm.
Beim Männchen sind der Scheitel, das Genick und ein Teil des Halses charakteristisch grau ▲, auf den Flügeln verlaufen zwei gelbgrüne Streifen ▲. Nistet in Gebirgsnadelwäldern und an Berghängen mit Einzelbäumen an der oberen Waldgrenze.

SCHWARZE UND SCHWARZWEISSE VÖGEL

Ringdrossel

Turdus torquatus, etwa 24 cm.
Das Männchen ist schwarz mit einem
weißen Halbmond auf der Brust und
hell gesäumten Federrändern. Beim
Weibchen ist der Halbmond bräunlich ▲.
Nistet in Nadel- und Mischwäldern im
Gebirge und im Knieholz, weidet gern
auf angrenzenden Wiesen.

Amsel

Turdus merula, etwa 25 cm. Männchen
schwarz mit gelbem Schnabel und
gelbem Ring um das Auge ▲, Weibchen
dunkelbraun, an der Kehle gefleckt ▲.
In Erregung hebt und spreizt sie heftig
den Schwanz. Kleidet das Nest innen
mit Lehm aus ▲. Lebt in Wäldern und
menschlichen Siedlungen.

Halsbandschnäpper

Ficedula albicollis, etwa 13 cm.
Männchen mit weißem Kragen ▲, beide
haben einen weißen Flügelspiegel ▲.
Typisch ist das Zucken mit Flügeln und
Schwanz. Das Männchen des Trauer-
schnäppers *(Ficedula hypoleuca)* hat
keinen Kragen (Detail ▲). Lebt in Laub-
und Mischwäldern, Parks und Gärten.

Star

Sturnus vulgaris, etwa 21 cm.
Im Frühling schwarz mit metallischem
Glanz (unten ▲), im Herbst dicht weiß
gefleckt ▲. Im Flugbild dreieckige
Flügel ▲. Nistet in Laubwäldern und
Gärten, nach der Brutperiode schließen
sich die Stare zu Schwärmen zusam-
men, die im Schilf übernachten.

SCHWARZE UND SCHWARZWEISSE VÖGEL

Bachstelze

Motacilla alba, etwa 18 cm. Auffällig ist der lange Schwanz, mit dem sie ständig wippt ▲. Im Frühling ist das Männchen an Stirn und Wangen weiß ▲, der Rest des Kopfes ist schwarz. Im Ruhekleid ist die Kehle weiß. Lebt in offenen Landschaften, häufig an Gewässern oder Gebäuden.

Wasseramsel

Cinclus cinclus, etwa 18 cm. Dunkel mit großem weißem Brustlatz ▲. Lebt an steinigen Strömen, wo sie auf den Steinen sitzt und mit dem Körper schaukelt. Watet oft im seichten Wasser, taucht unter die Wasseroberfläche. Fliegt meist mit heftigem Flügelschlagen über dem Wasser.

Hausrotschwanz

Phoenicurus ochruros, etwa 14 cm. Männchen schwarzgrau mit einem weißen Feld in den Flügeln, Weibchen braungrau. Beide haben einen rostfarbenen Bürzel und Schwanz ▲, der ständig zittert. Im Gesang fallen zischende Laute auf. Bewohnt menschliche Ansiedlungen und Berge.

Sperbergrasmücke

Sylvia nisoria, etwa 15 cm. Männchen oberseits grau, unten quer gewellt. Gelbe Augen ▲. Das Weibchen und die Jungvögel (rechts ▲) sind undeutlich gewellt und haben dunkle Augen. Lebt versteckt im dichten Gebüsch, aus dem sie manchmal zum Singen emporfliegt.

GESPRENKELTE DROSSELN

Wacholderdrossel

Turdus pilaris, 25-26 cm. Charakteristisch sind der graue Kopf ▲ und Bürzel ▲, im Flug die weiße Flügelunterseite ▲. Liebt Wäldchen und Baumreihen an Gewässern, von wo sie in angrenzende Wiesen und Felder auf Nahrungssuche geht. Nistet in Kolonien, bildet auf dem Zug und im Winter große Schwärme.

Rotdrossel

Turdus iliacus, etwa 21 cm. Weißliche Streifen über dem Auge und unter dem Gesicht und dem Ohrbereich ▲. Flanken und Flügelunterseiten ▲ rostrot. Bewohnt nördliche Birken- und Fichtenwälder, den Bewuchs an Fließgewässern und in Feuchtgebieten. Auf dem Flug hält sie sich im Schwarm auf.

Singdrossel

Turdus philomelos, etwa 23 cm. Unterseits weißlich mit schwarzbrauner Längsfleckung ▲. Im Flugbild sind die Flügel von unten hellgelb ▲. Das mit Holzmulm ausgeschmierte Nest ist nicht gepolstert ▲. Nistet in Wäldern aller Art, verstreutem Grünland, Parks und Gärten.

Misteldrossel

Turdus viscivorus, etwa 27 cm. Die cremefarbene Unterseite ist bis auf die Kehle und die Flügeldecken unter dem Schwanz grob gefleckt ▲, die Flügelunterseite ist weiß ▲. Die Vögel melden sich im Flug mit dem typischen zirpenden Lockruf "trrrr". Lebt in Nadel- und Mischwäldern.

KLEINE VÖGEL MIT DUNKLER KAPUZE

Mönchsgrasmücke

Sylvia atricapilla, etwa 14 cm.
Das erwachsene Männchen hat ein schwarzes Käppchen ▲, das Weibchen und die Jungvögel ein rostbraunes ▲. Kräftiger flötender Gesang. Bewohnt Gebüsch und untere Baumkronen im Wald, im Uferbewuchs, Hecken, verwilderten Parks, Friedhöfen und Gärten.

Orpheusgrasmücke

Sylvia hortensis, etwa 15 cm.
Das Männchen hat einen schwarzen Kopf, aus dem die gelbweißen Augen hervorstechen ▲, das Weibchen hat einen dunkelgraubraunen Kopf ▲. Lebt in Südeuropa, wo sie sich in lichten Wäldern mit Unterholz, in Hainen, Sträuchern und in Gärten aufhält.

Samtkopfgrasmücke

Sylvia melanocephala, etwa 13 cm.
Der Kopf des Männchens ist bis unter das Auge schwarz ▲, der des Weibchens grau. Um das Auge zieht sich ein roter Ring ▲. Singt auch im Sommer. Lebt in Südeuropa, wo sie trockene, strauchbewachsene Gebiete und Wäldchen mit reichem Unterholz bewohnt.

Schwarzkehlchen

Saxicola torquata, 12-13 cm. Männchen mit schwarzem Kopf ▲, großen, weißen Flecken an Hals und Flügeln ▲ und rostbrauner Brust. Weibchen mit kleineren weißen Flecken. Lebt in offener Landschaft mit Buschwerk, rastet gern auf hohen Stängeln, Pfosten oder Drähten, zuckt mit Flügeln und Schwanz.

Sumpfmeise

Parus palustris, 11-12 cm. Schwarzes, glänzendes ▲ Käppchen, kleiner schwarzer Tropfen am Kinn ▲, weißliches Gesicht. Lebt in Paaren oder einzelgängerisch, auch außerhalb der Brutzeit. Bewohnt Laub- und Mischwälder, Hecken, Parks und Gärten.

Weidenmeise

Parus montanus, 11-12 cm. Ähnelt auffallend der Sumpfmeise, hat jedoch kein glänzendes Käppchen ▲, einen großen Fleck am Kinn ▲ und helle Felder in den Flügeln. Bewohnt Nadel- und Mischwälder, im Tiefland auch sumpfige Laubgehölze.

Tannenmeise

Parus ater, 11-12 cm. Schwarzer Kopf mit scharf umgrenzten weißen Wangen, Hauptkennungsmerkmal ist der weiße Fleck im Genick ▲. Hält sich überwiegend in Nadelwäldern auf, gewöhnlich in den Baumkronen. Der Gesang ist ein wiederholtes "wize wize wize".

Kohlmeise

Parus major, etwa 14 cm. Schwarzer Kopf mit weißem Gesicht. Die gelbe Unterseite ist durch einen schwarzen Streifen geteilt ▲, der beim Männchen bis zum Schwanz reicht und beim Weibchen auf dem Bauch endet. Lebt überall, wo es Bäume gibt. Im Frühjahr meldet sie sich mit "zizibäbä, zizibä".

KLEINE VÖGEL MIT DUNKLER KAPUZE

Waldammer

Emberiza rustica, etwa 15 cm.
Männchen im Frühling mit schwarzem
Kopf und weißem Streifen über dem
Auge ▲, über die weiße Unterseite ver-
läuft ein braunes Querband ▲. Beim
Weibchen wird das Schwarz durch
Dunkelbraun ersetzt. Nistet in feuchten
Nadel- und Mischwäldern des Nordens.

Kappenammer

Emberiza melanocephala, etwa 17 cm.
Männchen im Frühjahr mit schwarzem
Kopf ▲. Kinn und Unterseite sind deutlich gelb ▲. Das Weibchen hat eine oliv-
braune Kapuze und eine ockergelbe
Unterseite ▲. Bewohnt offene, buschbestandene Landschaften Südost-
europas.

Rohrammer

Emberiza schoeniclus, 15-16 cm.
Männchen mit schwarzem Kopf,
weißem Bart und Kragen ▲. Weibchen
braun gefleckt mit hellem Bart und
Überaugenstreif ▲. Nistet an nassen
und überwucherten Teich- und Flussufern sowie auf Feuchtwiesen mit
Gestrüpp.

Spornammer

Calcarius lapponicus, etwa 16 cm.
Männchen im Frühling mit schwarzem
Kopf und Brustlatz und weißem Streifen
vom Auge zum rostbraunen Genick ▲.
Im Winter ist der Kopf gefleckt (rechts).
Nistet in der baumlosen Tundra, hält sich
im Winter auf niedrig bewachsenen
Flächen auf.

Goldammer

Emberiza citrinella, 16-17 cm.
Männchen mit gelbem Kopf mit dunkler Zeichnung ▲, gelber Unterseite mit rostbraunem Feld auf der Brust. Weibchen stärker gefleckt und weniger auffallend. Beide haben einen rostbraunen Bürzel ▲. Lebt in offener Landschaft mit Bäumen und Sträuchern.

Zippammer

Emberiza cia, etwa 16 cm. Männchen mit grauem Kopf mit schwarzen Streifen ▲, zimtbraunem Bauch ▲ und Bürzel. Weibchen mit weniger deutlicher Zeichnung, gelbbrauner, gestrichelter Brust und ebensolchen Flanken. Hält sich an warmen Felshängen mit Gestrüpp und Bäumen auf.

Ortolan

Emberiza hortulana, 16-17 cm.
Männchen mit gelbem Bart und gelber Kehle ▲, rötlichem Schnabel und gelbem Augenring ▲. Das Weibchen ist blasser, die Brust ist längs gefleckt. Lebt in landwirtschaftlich geprägten Gebieten mit vereinzeltem Grün und an trockenen Hängen mit Strauchwerk.

Zaunammer

Emberiza cirlus, 16-17 cm. Männchen mit graugrünem Streifen auf der Brust ▲, schwarzer Kehle, schwarzem Streif durch das Auge und dunklem Scheitel ▲. Weibchen mit graugrünem Bürzel ▲. Nistet an buschbewachsenen Hängen, in Hecken, Wein- und Obstgärten sowie an Waldrändern.

KLEINE GELBE UND GELBBRAUNE VÖGEL

KLEINE GELBE UND GELBBRAUNE VÖGEL

Schafstelze

Motacilla flava, etwa 17 cm.
Männchen mit gelber Unterseite ▲ und grauem Oberkopf ▲ (weitere Unterarten unterscheiden sich in der Farbe des Kopfes), Weibchen mit bräunlicherem Scheitel ▲. Nistet auf Feuchtwiesen und in Sümpfen, an Teichen und Flüssen, wo sie gern auf hohen Pflanzen sitzt.

Gebirgsstelze

Motacilla cinerea, 18-19 cm.
Männchen unterseits gelb ▲ mit schwarzem Kehlfleck ▲, der dem Weibchen fehlt ▲. Mit dem sehr langen Schwanz wippt sie auf und ab. Hält sich an Bäche und Flüssen auf, seltener an stehenden Gewässern von Schleusen und Wehren.

Pirol

Oriolus oriolus, etwa 24 cm.
Das Männchen ist kontrastierend gelbschwarz ▲ mit rotem Schnabel, das Weibchen olivgrün ▲. Besiedelt Laubwälder, Alleen und Gehölze am Wasser, ständig in den Baumkronen, verrät sich durch flötendes Pfeifen "dülijooliju".

Girlitz

Serinus serinus, etwa 11 cm.
Auffallend kurzer Schnabel ▲. Männchen mit gelber Brust ▲ und Stirn und gelbem Bürzel. Weibchen mehr bräunlich und stärker gestreift. Nistet in verstreuten Grünflächen, Gärten, Parks und Friedhöfen. Singt im Sitzen und bei langsamem, 'fledermausartigem' Flug.

Neuntöter

Lanius collurio, etwa 17 cm.
Männchen mit grauem Kopf und schwarzer Maske ▲ und rotbraunem Rücken. Das Weibchen ist unterseits quer gewellt. Sitzt auf erhöhten Plätzen, von wo aus er die Beute erspäht, schnippt häufig mit dem Schwanz ▲. Bewohnt offenes Buschland und Waldränder.

Raubwürger

Lanius excubitor, etwa 24 cm.
Kräftiger, hakenförmig endender Schnabel, breites schwarzes Band über den Augen, grauweiße Stirn ▲. Der ähnliche, aber kleinere Schwarzstirnwürger *(Lanius minor)*, hat dagegen eine schwarze Stirn ▲. Beide leben in offener Landschaft mit Baumgruppen.

VÖGEL MIT DUNKLER AUGENMASKE

Rotkopfwürger

Lanius senator, etwa 19 cm.
Der bunteste Würger. Rotbrauner Scheitel und Nacken ▲, schwarzes Band über den Augen, große weiße Fläche in den Flügeln ▲, weißer Bürzel. Sucht offenes Gelände mit alten Alleen, Hecken, größere Pflanzungen und Gärten auf.

Braunkehlchen

Saxicola rubetra, 12-13 cm.
Die dunklen Wangen des Männchens werden von weißen Streifen gesäumt ▲. Weiße Schulterflecken ▲. Das Weibchen ist kontrastärmer. Sitzt auf erhöhten Plätzen, schnippt mit Flügeln und Schwanz. Besiedelt Feuchtwiesen mit Buschwerk und hohen Kräutern.

VÖGEL MIT DUNKLER AUGENMASKE

Steinschmätzer

Oenanthe oenanthe, 15-16 cm.
Männchen im Frühjahr oberseits grau
mit schwarzem Band über den Augen
▲, Bürzel und Schwanzwurzel weiß ▲.
Beim Weibchen ist das Augenband
braun. Verbeugt sich oft und wippt mit
dem gespreizten Schwanz. Bewohnt
felsige und steinige Orte.

Mittelmeersteinschmätzer

Oenanthe hispanica, 14-15 cm.
Männchen ockerfarben, der Streif übern
Auge ▲ und mitunter auch die Kehle sin
schwarz. Das Weibchen ist mehr braun.
Sucht steinige, überwucherte Hänge und
Weinberge auf.

Bartmeise

Panurus biarmicus, 16-17 cm. Langer,
abgestufter Schwanz ▲. Männchen mit
blaugrauem Kopf und abstehendem
schwarzem Bart, der sich vom Auge
über den Schnabel nach unten zieht ▲.
Liebt ausgedehnte, dichte Schilfgebiete, durch die sie meisterhaft klettert.
Verrät sich durch lockendes "ping-ping".

Beutelmeise

Remiz pendulinus, etwa 11 cm. Schwarz
Augenmaske ▲, rotbrauner Rücken ▲.
Bewegt sich im dichten Buschwerk, in
Baumkronen in Gewässernähe oder im
Schilf. Macht mit einem sehr hohen "ci"
auf sich aufmerksam. Das Nest in Form
eines Fausthandschuhs wird an die
Enden dünner Zweige gehängt ▲.

Haussperling

Passer domesticus, etwa 15 cm. Männchen mit grauem Scheitel ▲, kastanienbraunem Genick und schwarzem Brustlatz ▲. Weibchen mit graubraunem Kopf ▲. Treuer Begleiter des Menschen in Städten und Dörfern. Nistet in Höhlräumen, kann sein kugelförmiges Nest auch in Zweigen bauen.

Weidensperling

Passer hispaniolensis, etwa 15 cm. Vom Haussperling unterscheidet er sich durch den braunen Scheitel ▲, einen wesentlich größeren schwarzen Brustlatz ▲ und die grobe Fleckung an den Bauchseiten. Nistet koloniebildend in Flusstälern, Gärten und Alleen Südeuropas.

Feldsperling

Passer montanus, etwa 14 cm. Kastanienbrauner Oberkopf ▲, schwarzer, halbmondförmiger Fleck auf den Wangen, kleiner weißer Kragen ▲, kleiner schwarzer Fleck am Kinn. Sucht lichte Laubwälder, alte Gärten, Alleen und Ufervegetation an Gewässern mit ausreichend Höhlräumen auf.

Steinsperling

Petronia petronia, 14-15 cm. Gefärbt wie das Weibchen des Haussperlings, hat aber auf dem Scheitel und hinter dem Auge helle Streifen ▲ und einen gelben Fleck auf der Brust ▲. Besiedelt warme Gebirgslandschaften im südlichen Europa, nistet auch in Dörfern und Ruinen.

SPATZENÄHNLICHE VÖGEL

Grauammer

Miliaria calandra, etwa 18 cm.
An der Körperunterseite hat sie zahlreiche dunkelbraune Längsflecken. Der Schnabel ist kräftig, kegelförmig ▲. Fliegt über kurze Distanzen mit herabhängenden Beinen ▲. Singt auf erhöhten Plätzen an den Rändern von Feldern und Wiesen mit vereinzeltem Gebüsch.

Berghänfling

Carduelis flavirostris, etwa 14 cm.
Gelbbraune Kehle. Männchen mit gelbbrauner Brust und leicht rosa Bürzel. Gelber Schnabel ▲. Nistet an baumlosen felsigen Orten mit niedrigem Bewuchs und an Küsten des Nordens. Überwintert auf unbearbeiteten Flächen mit Unkraut.

Kalanderlerche

Melanocorypha calandra, etwa 17 cm.
Starker, spitzer Schnabel ▲, große, schwarze Flecken an den Halsseiten ▲. Singt auch im Flug, dann sind von unten die dunklen Flügel mit weißem hinterem Rand sichtbar. Nistet in Steppen, auf Viehweiden und Feldern im südlichen Europa.

Schneefink

Montifringilla nivalis, etwa 18 cm.
Grauer Kopf ▲, große, weiße Felder in den Flügeln ▲, weiß gerandeter Schwanz. Das Männchen hat im Brutkleid einen schwarzen Kinnfleck ▲, der im Winter verschwindet (links). Lebt an Steinhängen im Hochgebirge und hält sich stets am Boden auf.

Rotkehlchen

Erithacus rubecula, etwa 14 cm. Charakteristisch ist der ziegelrote, graublau gesäumte Brustlatz ▲. Große Augen. Bei Störung zuckt es mit dem Schwanz und verbeugt sich auffällig. Lebt im dichten Gebüsch in Wäldern, verwilderten Gärten, Parks und auf Friedhöfen.

Zwergschnäpper

Ficedula parva, 11-12 cm. Ältere Männchen haben einen roten Brustlatz ▲, den jüngeren Männchen und den Weibchen fehlt er. Bei Störungen breitet er den Schwanz fächerförmig aus, sodass die weißen Randfedern sichtbar sind ▲, und klappt ihn zum Kopf hin. Bewohnt Wälder mit vielen Buchen.

KLEINE BUNTE VÖGEL

Gartenrotschwanz

Phoenicurus phoenicurus, etwa 14 cm. Männchen mit schwarzen Wangen und schwarzer Kehle ▲, weißer Stirn ▲, grauem Scheitel und Hinterleib. Brust rostrot. Das Weibchen ist graubraun. Zuckt oft mit dem rostfarbenen Schwanz ▲ und verbeugt sich dabei. Bewohnt Wälder, Gärten, Parks.

Mauerläufer

Tichodroma muraria, etwa 16 cm. Die Körperform erinnert an einen Baumläufer. Im Frühling mit schwarzer Kehle und schwarzem Kropf, der im Winter weiß ist ▲. Große rote Felder in den Flügeln. Im Flug weiße Flecken in den Schwingen ▲. Bewohnt Hochgebirgsgipfel, wo er über Felswände klettert.

KLEINE BUNTE VÖGEL

Buchfink

Fringilla coelebs, 15-16 cm.
Der blaugraue Kopf des Männchens ▲ ist im Winter braun (Detail ▲). Weinrote Brust. Das Weibchen ist graugrün. In allen Kleidern sind der grüne Bürzel und zwei helle Flügelbänder ▲ charakteristisch. Lebt überall dort, wo es Bäume und Büsche gibt.

Bergfink

Fringilla montifringilla, 15-16 cm.
Beim Männchen im Hochzeitskleid sind der Kopf und ein Teil des Hinterleibs schwarz ▲, die Brust rostfarben ▲, der Bürzel weiß ▲. Im Winter ist der Kopf braun gesprenkelt (▲ rechts). Bewohnt nördliche Wälder. Auf dem Zug und im Winter hält er sich in Buchenwäldern auf

Birkenzeisig

Carduelis flammea, 12-13 cm.
Männchen mit roter Stirn und Brust ▲ und schwarzem Kinn. Dem Weibchen fehlt das Rot auf der Brust ▲. Nistet gewöhnlich gesellig in nördlichen Wäldern, südlicher in Gebirgen und Mooren, aber auch in Gärten und auf Friedhöfen.

Hänfling

Carduelis cannabina, etwa 14 cm.
Männchen im Frühjahr mit roter Brust und Stirn ▲, im Herbst verschwindet das Rot. Im Flugbild unterscheiden wir in den Flügeln weiße Spiegel ▲ und Schwanzkonturfedern. Fast immer paarweise anzutreffen. Bewohnt offene Landschaften mit Gärten und Gebüsch.

Karmingimpel

Carpodacus erythrinus, etwa 14 cm. Beim alten Männchen sind Kopf ▲, Brust und Bürzel rot ▲. Im Herbst verliert sich die rote Farbe und es ähnelt dann den Weibchen und jungen Männchen. Sucht Gestrüpp in Wassernähe, Feuchtwiesen mit Gebüsch, in Gebirgen auch das Knieholz auf.

Dompfaff, Gimpel

Pyrrhula pyrrhula, etwa 16 cm. Alles, was beim Männchen rot ist, ist beim Weibchen graubraun. Beide haben einen kräftigen, schwarzen Schnabel ▲ und einen im Flug sichtbaren weißen Bürzel ▲. Tritt oft paarweise auf, nistet in Nadel- und Laubwäldern, auch in Parks und Gärten.

KLEINE BUNTE VÖGEL

Hakengimpel

Pinicola enucleator, etwa 20 cm. Kurzer, starker, leicht hakenförmiger Schnabel ▲. Das Männchen ist fast völlig rot. Über die dunklen Flügel ziehen sich zwei weiße Querbänder ▲. Lebt in Nadel- und Mischwäldern des Nordens.

Stieglitz

Carduelis carduelis, etwa 14 cm. Die rote Maske umrahmt ein weißer Streifen ▲. Typisch sind auch die leuchtend gelben Flügelbänder ▲ und der weiße Bürzel ▲. Bewohnt offene Landschaften mit ausreichend Gebüsch, Pflanzungen, Parks und Gärten.

KLEINE BUNTE VÖGEL

Fichtenkreuzschnabel

Loxia curvirostra, etwa 17 cm. Das erwachsene Männchen ist fast völlig ziegelrot, nur Flügel und Schwanz sind braun. Die jungen Männchen und die Weibchen sind graugrün. Die Schnabelhälften kreuzen sich ▲. Das ganze Leben verbringt er mit der Ernte von Fichtensamen. Brütet auch im Winter.

Bindenkreuzschnabel

Loxia leucoptera, etwa 16 cm. Unterscheidet sich vom Fichtenkreuzschnabel durch zwei breite weiße Flügelbänder ▲. Bewohnt die sibirische Taiga, ernährt sich vorwiegend von Lärchensamen. Der Kiefernkreuzschnabel *(Loxia pytyopsittacus)* klaubt mit seinem dicken Schnabel ▲ Samen aus Kiefernzapfen.

Kernbeißer

Coccothraustes coccothraustes, etwa 18 cm. Der auffallend mächtige, kegelförmige Schnabel ist in der Brutperiode blaugrau ▲, den Rest des Jahres gelbbraun. Die violett glänzenden Schwingen haben eingekerbte Enden ▲. Lebt in lichten Wäldern, alten Gärten und Pflanzungen.

Schwanzmeise

Aegithalos caudatus, 12-14 cm. Außergewöhnlich langer, abgestufter Schwanz ▲. Die mitteleuropäischen Vögel haben über dem Auge einen schwarzen Streifen (unten), die nördlicheren einen ganz weißen Kopf ▲. Bewohnt Wälder aller Art, Uferbewuchs, größere Parks und alte Gärten.

KRÄHENVÖGEL MIT KRÄFTIGEM SCHNABEL

Nebelkrähe und Rabenkrähe

Corvus corone, etwa 47 cm. Bildet zwei farblich verschiedene Unterarten. Die erste ist ganz schwarz ▲ (Rabenkrähe), die zweite grauschwarz ▲ (Nebelkrähe). Nistet paarweise in Wäldern und offener Landschaft, im Osten auch in menschlichen Ansiedlungen.

Saatkrähe

Corvus frugilegus, 45-47 cm.
Schwarz mit violett glänzendem Gefieder, die Federn an den Bauchseiten verlängert. Altvögel mit grauweißer, kahler Schnabelwurzel ▲. Nistet koloniebildend in offener Landschaft mit Bäumen und inmitten der Städte. Bildet im Winter große Schwärme.

Kolkrabe

Corvus corax, etwa 67 cm.
Schwarz mit mächtigem Schnabel ▲ und abstehenden Federn an der Kehle ▲. Im Flug am keilförmigen Schwanz zu erkennen ▲. Lebt gewöhnlich paarweise, nach der Brutperiode in Familienschwärmen. Kommt im Gebirge und in Waldgebieten vor.

Dohle

Corvus monedula, etwa 33 cm.
In der Färbung überwiegt die schwarze Farbe das Grau ▲. Weiße Augen ▲. Nistet gesellig in offener Landschaft mit alten Bäumen, auf Felswänden, in Steinbrüchen und menschlichen Siedlungen. Lebt auch im Winter gesellig, streift oft gemeinsam mit Saatkrähen umher.

Alpenkrähe

Pyrrhocorax pyrrhocorax, etwa 40 cm. Die Altvögel sind schwarz mit langem, rotem, bogenförmig gekrümmtem Schnabel ▲ und roten Beinen. Die Jungvögel sind bräunlich und haben einen orange Schnabel ▲. Nistet gesellig in Felsengebirgen und auf Meeresklippen.

Alpendohle

Pyrrhocorax graculus, etwa 38 cm. Unterscheidet sich von der nebenstehenden Art durch den kürzeren, stärkeren und geraden gelben Schnabel ▲. Die Beine sind rot ▲. Im Flug sind fünf (bei der Alpenkrähe sechs) Handschwingen zu erkennen. Nistet gesellig auf Felsen hoch in den Bergen.

Elster

Pica pica, 44-48 cm. Schwarz mit grünem Glanz, weißem Bauch ▲ und weißem Fleck auf den Schulterblättern ▲. Langer, stark abgestufter Schwanz ▲. Bewohnt offene Landschaften mit Büschen und Bäumen, dringt auch in Städte und Dörfer vor. Baut sich mehrere große Nester mit kleinen Dächern.

Blauelster

Cyanopica cyanus, etwa 35 cm. Hat eine schwarze Kapuze ▲ auf dem Kopf, die Flügel und der lange, abgestufte Schwanz sind blau ▲. Lebt in Europa nur in Spanien und Portugal. Nistet in zerstreuten Grüppchen in niedrigen Eichenwäldern, Oliven- und Eukalyptushainen, in Pflanzungen und Gärten.

Tannenhäher

Nucifraga caryocatactes, etwa 32 cm. Schokoladenbraun mit weißen, tropfenförmigen Flecken ▲. Die weißen Felder unter dem Schwanz und das Abschlussband auf dem Schwanz ▲ treten im Flug hervor. Bewohnt Nadelwälder, wo er mit einem rauen "kerr, kerr" auf sich aufmerksam macht.

Eichelhäher

Garrulus glandarius, etwa 34 cm. Rotbraun mit schwarzem Bart ▲, kleine, weiß und blau gestreifte Felder auf den Flügeln ▲. Im Flug fallen die breiten Flügel und der weiße Bürzel auf ▲. Lebt in allen Waldtypen, verschmäht auch Feldhaine und Parks nicht.

Unglückshäher

Perisoreus infaustus, etwa 28 cm. Flügelränder ▲, Bürzel und äußere Schwanzfedern ▲ sind auffällig rotbraun. Der Schnabel ist kurz und kegelförmig, die von Härchen bedeckten Nasenlöcher sind cremefarben ▲. Kommt in nördlichen Nadelwäldern vor, wo er sich verhältnismäßig zahm verhält.

Blauracke

Coracias garrulus, 30-32 cm. Blaugrün mit zimtbraunem Hinterteil ▲. Sitzt an erhöhten Plätzen (Warten), von wo aus sie auf dem Boden nach Beute Ausschau hält. Lebt an den Rändern lichter Wälder, in Feldhainen und Alleen mit alten, hohlen Bäumen.

KRÄHENVÖGEL MIT KRÄFTIGEM SCHNABEL

REGISTER

A
Accipiter gentilis 43
Accipiter nisus 43
Acrocephalus arundinaceus 67
Acrocephalus melanopogon 63
Acrocephalus paludicola 63
Acrocephalus palustris 67
Acrocephalus schoenobaenus 63
Acrocephalus scirpaceus 67
Actitis hypoleucos 36
Aegithalos caudatus 88
Aegolius funereus 51
Alauda arvensis 61
Alca torda 11
Alcedo atthis 65
Alectoris graeca 39
Alectoris rufa 39
Alpenbraunelle 64
Alpendohle 90
Alpenkrähe 90
Alpenschneehuhn 39
Alpensegler 48, 54
Alpenstrandläufer 36
Amsel 73
Anas acuta 19
Anas clypeata 20
Anas crecca 20
Anas penelope 19
Anas platyrhynchos 19
Anas querquedula 20
Anas strepera 19
Anser albifrons 17
Anser anser 17
Anser brachyrhynchus 17
Anser erythropus 17
Anser fabalis 17
Anthus campestris 62
Anthus petrosus 62
Anthus pratensis 62
Anthus spinoletta 62
Anthus trivialis 62
Apus apus 54
Apus melba 48, 54
Apus pallidus 54
Aquila chrysaetos 46
Aquila heliaca 46
Aquila pomarina 46
Ardea cinerea 22
Ardea purpurea 22
Ardeola ralloides 23
Arenaria interpres 38
Asio flammeus 51
Asio otus 51
Athene noctua 51
Auerhuhn 40
Austernfischer 9
Aythya ferina 21
Aythya fuligula 10
Aythya marila 10
Aythya nyroca 21

B
Bachstelze 74
Bartgeier 45
Bartkauz 50
Bartmeise 82
Basstölpel 27
Baumfalke 48
Baumpieper 62
Bekassine 35
Bergente 10
Bergfink 86
Berghänfling 84
Berglaubsänger 71
Beutelmeise 82
Bienenfresser 65
Bindenkreuzschnabel 88
Birkenzeisig 86
Birkhuhn 40
Blässgans 17
Blässhuhn 8
Blaukehlchen 64
Blaumeise 64
Blaumerle 65
Blauracke 91
Bombycilla garrulus 60
Bonasa bonasia 40
Botaurus stellaris 23
Brachpieper 62
Brachvogel 33
Brandgans 18
Brandseeschwalbe 31
Branta bernicla 18
Branta canadensis 18
Braunkehlchen 81
Brillengrasmücke 69
Bruchwasserläufer 34
Bubo bubo 49
Bubulcus ibis 23
Bucephala clangula 10
Buchfink 86
Buntspecht 56
Burhinus oedicnemus 41
Buteo buteo 42
Buteo lagopus 42

C
Calandrella brachydactyla 61
Calcarius lapponicus 78
Calidris alpina 36
Calidris maritima 36
Calidris temminckii 38
Calonectris diomedea 26
Caprimulgus europaeus 53
Carduelis cannabina 86
Carduelis carduelis 87
Carduelis chloris 72
Carduelis flammea 86
Carduelis flavirostris 84
Carduelis spinus 72
Carpodacus erythrinus 87
Cepphus grylle 11
Cercotrichas galactotes 69
Certhia brachydactyla 58
Certhia familiaris 58
Cettia cetti 67
Charadrius alexandrinus 37
Charadrius dubius 37
Charadrius hiaticula 37
Chlidonias hybrida 30
Chlidonias leucopterus 30
Chlidonias niger 30
Ciconia ciconia 24
Cinclus cinclus 74
Circaetus gallicus 44
Circus aeruginosus 44
Circus cyaneus 44
Circus pygargus 44
Cistensänger 63
Cisticola juncidis 63
Clamator glandarius 59
Clangula hyemalis 21
Coccothraustes coccothraustes 88
Columba livia 53
Columba oenas 52
Columba palumbus 52
Coracias garrulus 91
Corvus corax 89
Corvus corone 89
Corvus frugilegus 89
Corvus monedula 89
Coturnix coturnix 41
Crex crex 41
Cuculus canorus 53
Cyanopica cyanus 90
Cygnus cygnus 16
Cygnus olor 16

D
Delichon urbica 55
Dendrocopos leucotos 56
Dendrocopos major 56
Dendrocopos medius 56
Dendrocopos minor 56
Dohle 89
Dompfaff 87
Doppelschnepfe 35
Dorngrasmücke 68
Dreizehenmöwe 31
Dreizehenspecht 57
Drosselrohrsänger 67
Dryocopus martius 57
Dunkler Wasserläufer 33
Dünnschnabelmöwe 29

E
Egretta alba 22
Egretta garzetta 22
Eichelhäher 91
Eiderente 10
Eisente 21
Eissturmvogel 26
Eisvogel 65
Elster 90
Emberiza cia 79
Emberiza cirlus 79
Emberiza citrinella 79
Emberiza hortulana 79
Emberiza melanocephala 78
Emberiza rustica 78

Emberiza schoeniclus 78
Eremophila alpestris 60
Erithacus rubecula 85
Eudromias morinellus 37

F

Fahlsegler 54
Falco cherrug 48
Falco columbarius 48
Falco naumanni 47
Falco peregrinus 48
Falco subbuteo 48
Falco tinnunculus 47
Falco vespertinus 47
Falkenraubmöwe 27
Fasan 40
Feldlerche 61
Feldschwirl 63
Feldsperling 83
Felsenschwalbe 55
Ficedula albicollis 73
Ficedula hypoleuca 73
Ficedula parva 85
Fichtenkreuzschnabel 88
Fischadler 42
Fitis 71
Flamingo 24
Flussregenpfeifer 37
Fluss-Seeschwalbe 32
Flussuferläufer 36
Fratercula arctica 11
Fringilla coelebs 86
Fringilla montifringilla 86
Fulica atra 8
Fulmarus glacialis 26

G

Galerida cristata 60
Gallinago gallinago 35
Gallinago media 35
Gallinula chloropus 9
Gänsegeier 45
Gänsesäger 14
Garrulus glandarius 91
Gartenbaumläufer 58
Gartengrasmücke 68
Gartenrotschwanz 85
Gavia arctica 12
Gavia stellata 12
Gebirgsstelze 80
Gelbschnabel-Sturmtaucher 26
Gelbspötter 70
Gelochelidon nilotica 31
Gimpel 87
Girlitz 80
Glareola pratincola 26
Glaucidium passerinum 50
Goldammer 79
Goldregenpfeifer 38
Grauammer 84
Graugans 17
Graureiher 22
Grauschnäpper 68
Grauspecht 57

Große Raubmöwe 27
Großer Kormoran 8
Großtrappe 25
Grünfink 72
Grünfüßiges Teichhuhn 9
Grünlaubsänger 72
Grünschenkel 34
Grünspecht 57
Grus grus 25
Gryllteiste 11
Gypaetus barbatus 45
Gyps fulvus 45

H

Habicht 43
Habichtsadler 46
Habichtskauz 50
Haematopus ostralegus 9
Häherkuckuck 59
Hakengimpel 87
Haliaeetus albicilla 45
Halsbandschnäpper 73
Hänfling 86
Haselhuhn 40
Haubenlerche 60
Haubenmeise 60
Haubentaucher 12
Hausrotschwanz 74
Hausschwalbe 55
Haussperling 83
Heckenbraunelle 64
Heckensänger 69
Heidelerche 61
Heringsmöwe 28
Hieraaetus fasciatus 46
Hieraaetus pennatus 47
Himantopus himantopus 25
Hippolais icterina 70
Hippolais polyglotta 70
Hirundo daurica 55
Hirundo rustica 54
Histrionicus histrionicus 21
Höckerschwan 16
Hohltaube 52
Hydrobates pelagicus 26
Hydroprogne caspia 31

I

Ixobrychus minutus 23

J

Jynx torquilla 58

K

Kaiseradler 46
Kalanderlerche 84
Kampfläufer 59
Kanadagans 18
Kappenammer 78
Karmingimpel 87
Kernbeißer 88
Kiebitz 59
Kiebitzregenpfeifer 38
Kiefernkreuzschnabel 88
Kleiber 58

Kleines Sumpfhuhn 15
Kleinspecht 56
Knäkente 20
Kohlmeise 77
Kolbenente 20
Kolkrabe 89
Kornweihe 44
Kragenente 21
Krähenscharbe 8
Kranich 25
Krauskopfpelikan 16
Krickente 20
Kuckuck 53
Kuhreiher 23
Kurzschnabelgans 17
Kurzzehenlerche 61
Küstenseeschwalbe 32

L

Lachmöwe 29
Lachseeschwalbe 31
Lagopus lagopus 39
Lagopus mutus 39
Lanius collurio 81
Lanius excubitor 81
Lanius minor 81
Lanius senator 81
Larus argentatus 28
Larus cachinnans 28
Larus canus 28
Larus fuscus 28
Larus genei 29
Larus marinus 29
Larus melanocephalus 29
Larus minutus 30
Larus ridibundus 29
Limicola falcinellus 36
Limosa lapponica 33
Limosa limosa 33
Locustella fluviatilis 66
Locustella luscinioides 66
Locustella naevia 63
Löffelente 20
Löffler 24
Loxia curvirostra 88
Loxia leucoptera 88
Loxia pytyopsittacus 88
Lullula arborea 61
Luscinia luscinia 66
Luscinia megarhynchos 66
Luscinia svecica 64
Lymnocryptes minimus 35

M

Mantelmöwe 29
Mariskensänger 63
Mauerläufer 85
Mauersegler 54
Mäusebussard 42
Meerstrandläufer 36
Melanitta fusca 9
Melanitta nigra 9
Melanocorypha calandra 84
Mergus albellus 14
Mergus merganser 14

Merlin 48
Merops apiaster 65
Miliaria calandra 84
Milvus migrans 43
Milvus milvus 43
Misteldrossel 75
Mittelmeersteinschmätzer 82
Mittelsäger 14
Mittelspecht 56
Mönchsgrasmücke 76
Monticola saxatilis 65
Monticola solitarius 65
Montifringilla nivalis 84
Moorente 21
Moorschneehuhn 39
Mornellregenpfeifer 37
Morus bassanus 27
Motacilla alba 74
Motacilla cinerea 80
Motacilla flava 80
Muscicapa striata 68

N

Nachtigall 66
Nachtreiher 22
Nachtschwalbe 53
Nebelkrähe 89
Neophron percnopterus 45
Netta rufina 20
Neuntöter 81
Nucifraga caryocatactes 91
Numenius arquata 33
Numenius phaeopus 33
Nyctea scandiaca 49
Nycticorax nycticorax 22

O

Odinshühnchen 13
Oenanthe hispanica 82
Oenanthe oenanthe 82
Ohrenlerche 60
Ohrentaucher 13
Oriolus oriolus 80
Orpheusgrasmücke 76
Orpheusspötter 70
Ortolan 79
Otis tarda 25
Otus scops 49

P

Pandion haliaetus 42
Panurus biarmicus 82
Papageitaucher 11
Parus cristatus 60
Parus ater 77
Parus coeruleus 64
Parus major 77
Parus montanus 77
Parus palustris 77
Passer domesticus 83
Passer hispaniolensis 83
Passer montanus 83
Pelecanus crispus 16
Pelecanus onocrotalus 16
Perdix perdix 39

Perisoreus infaustus 91
Pernis apivorus 42
Petronia petronia 83
Pfeifente 19
Pfuhlschnepfe 33
Phalacrocorax aristotelis 8
Phalacrocorax carbo 8
Phalacrocorax pygmaeus 8
Phalaropus lobatus 13
Phasianus colchicus 40
Philomachus pugnax 59
Phoenicopterus ruber 24
Phoenicurus ochruros 74
Phoenicurus phoenicurus 85
Phylloscopus bonelli 71
Phylloscopus collybita 71
Phylloscopus sibilatrix 71
Phylloscopus trochiloides 72
Phylloscopus trochilus 71
Pica pica 90
Picoides tridactylus 57
Picus canus 57
Picus viridis 57
Pinicola enucleator 87
Pirol 80
Platalea leucorodia 24
Plegadis falcinellus 24
Pluvialis apricaria 38
Pluvialis squatarola 38
Podiceps auritus 13
Podiceps cristatus 12
Podiceps griseigena 12
Podiceps nigricollis 13
Porphyrio porphyrio 14
Porzana parva 15
Porzana porzana 15
Porzana pusilla 15
Prachttaucher 12
Provencegrasmücke 69
Prunella collaris 64
Prunella modularis 64
Pterocles alchata 53
Ptyonoprogne rupestris 55
Purpurralle 14
Purpurreiher 22
Pyrrhocorax graculus 90
Pyrrhocorax pyrrhocorax 90
Pyrrhula pyrrhula 87

R

Rabenkrähe 89
Rallenreiher 23
Rallus aquaticus 15
Raubseeschwalbe 31
Raubwürger 81
Raufußbussard 42
Raufußkauz 51
Rebhuhn 39
Recurvirostra avosetta 25
Regenbrachvogel 33
Regulus ignicapillus 70
Regulus regulus 70
Reiherente 10
Remiz pendulinus 82

Ringdrossel 73
Ringelgans 18
Ringeltaube 52
Riparia riparia 55
Rissa tridactyla 31
Rohrammer 78
Rohrdommel 23
Rohrschwirl 66
Rohrweihe 44
Rosapelikan 16
Rosenseeschwalbe 32
Rostgans 19
Rotdrossel 75
Rötelfalke 47
Rötelschwalbe 55
Roter Milan 43
Rotflügel-Brachschwalbe 26
Rotfußfalke 47
Rothalstaucher 12
Rothuhn 39
Rotkehlchen 85
Rotkopfwürger 81
Rotschenkel 34

S

Saatgans 17
Saatkrähe 89
Säbelschnäbler 25
Samtente 9
Samtkopfgrasmücke 76
Sandregenpfeifer 37
Saxicola rubetra 81
Saxicola torquata 76
Schafstelze 80
Schellente 10
Schilfrohrsänger 63
Schlagschwirl 66
Schlangenadler 44
Schleiereule 49
Schmarotzerraubmöwe 27
Schmutzgeier 45
Schnatterente 19
Schneeeule 49
Schneefink 84
Schreiadler 46
Schwanzmeise 88
Schwarzer Milan 43
Schwarzhalstaucher 13
Schwarzkehlchen 76
Schwarzkopfmöwe 29
Schwarzspecht 57
Schwarzstirnwürger 81
Scolopax rusticola 35
Seeadler 45
Seeregenpfeifer 37
Seggenrohrsänger 63
Seidenreiher 22
Seidensänger 67
Seidenschwanz 60
Serinus citrinella 72
Serinus serinus 80
Sichler 24
Silbermöwe 28
Silberreiher 22
Singdrossel 75

Singschwan 16
Sitta europaea 58
Skua 27
Somateria mollissima 10
Sommergoldhähnchen 70
Sperber 43
Sperbereule 50
Sperbergrasmücke 74
Sperlingskauz 50
Spießente 19
Spießflughuhn 53
Spornammer 78
Sprosser 66
Star 73
Steinadler 46
Steinhuhn 33
Steinkauz 51
Steinrötel 65
Steinschmätzer 82
Steinsperling 83
Steinwälzer 38
Stelzenläufer 25
Stercorarius longicaudus 27
Stercorarius parasiticus 27
Stercorarius skua 27
Sterna albifrons 32
Sterna dougallii 32
Sterna hirundo 32
Sterna paradisaea 32
Sterna sandvicensis 31
Sterntaucher 12
Stieglitz 87
Stockente 19
Strandpieper 62
Straßentaube 53
Streptopelia decaocto 52
Streptopelia turtur 52
Strix aluco 50
Strix nebulosa 50
Strix uralensis 50
Sturmmöwe 28
Sturmschwalbe 26
Sturnus vulgaris 73
Sumpfläufer 36
Sumpfmeise 77
Sumpfohreule 51
Sumpfrohrsänger 67
Surnia ulula 50
Sylvia atricapilla 76
Sylvia borin 68
Sylvia cantillans 69
Sylvia communis 68
Sylvia conspicillata 69
Sylvia curruca 68
Sylvia hortensis 76
Sylvia melanocephala 76
Sylvia nisoria 74
Sylvia undata 69

T

Tachybaptus ruficollis 13
Tadorna ferruginea 18
Tadorna tadorna 18
Tafelente 21
Tannenhäher 91

Tannenmeise 77
Teichrohrsänger 67
Temminckstrandläufer 38
Tetrax tetrax 41
Tetrao tetrix 40
Tetrao urogallus 40
Tichodroma muraria 85
Tordalk 11
Trauerente 9
Trauerschnäpper 73
Trauerseeschwalbe 30
Triel 41
Tringa erythropus 33
Tringa glareola 34
Tringa nebularia 34
Tringa ochropus 34
Tringa totanus 34
Troglodytes troglodytes 61
Trottellumme 11
Tüpfelsumpfhuhn 15
Turdus iliacus 75
Turdus merula 73
Turdus philomelos 75
Turdus pilaris 75
Turdus torquatus 73
Turdus viscivorus 75
Türkentaube 52
Turmfalke 47
Turteltaube 52
Tyto alba 49

U

Uferschnepfe 33
Uferschwalbe 55
Uhu 49
Unglückshäher 91
Upupa epops 59
Uria aalge 11

V

Vanellus vanellus 59

W

Wacholderdrossel 75
Wachtel 41
Wachtelkönig 41
Waldammer 78
Waldbaumläufer 58
Waldkauz 51
Waldlaubsänger 71
Waldohreule 51
Waldschnepfe 35
Waldwasserläufer 34
Wanderfalke 48
Wasseramsel 64
Wasserpieper 62
Wasserralle 15
Weidenmeise 77
Weidensperling 83
Weißbart-Seeschwalbe 30
Weißbartgrasmücke 69
Weißflügel-Seeschwalbe 30
Weißkopfmöwe 28
Weißrückenspecht 56
Weißstorch 24

Wendehals 58
Wespenbussard 42
Wiedehopf 59
Wiesenpieper 62
Wiesenweihe 44
Wintergoldhähnchen 70
Würgfalke 48

Z

Zaunammer 79
Zaungrasmücke 68
Zaunkönig 61
Zeisig 72
Zilpzalp 71
Zippammer 79
Zitronengirlitz 72
Zwergadler 47
Zwergdommel 23
Zwerggans 17
Zwergohreule 49
Zwergsäger 14
Zwergscharbe 8
Zwergschnäpper 85
Zwergschnepfe 35
Zwergseeschwalbe 32
Zwergsumpfhuhn 15
Zwergtaucher 13
Zwergtrappe 41

Deutsche Erstausgabe April 2003
Gesetzt nach den Regeln der Rechtschreibreform
© 2003 für die deutschsprachige Ausgabe
C. Bertelsmann Jugendbuch Verlag, München in der Verlagsgruppe Bertelsmann GmbH
Die tschechische Originalausgabe erschien 2003 unter dem Titel »Přírodou za ptáky«.
© 2003 Brio, Prag
Illustrationen: Eva Beberová
Originaltext: Karel Šťastný
Übersetzung: Textpraxis, Hamburg, Dr. Ursula Macht
Lektorat: Textpraxis, Hamburg, Marion Schweizer
Projektbetreuung: Atelier Langenfass, Ismaning
st · Herstellung: Peter Papenbrok
ISBN 3-570-21242-4
Printed in the Czech Republic

10 9 8 7 6 5 4 3 2 1